非物质文化遗产的传承与设计

杨 蕾 著

 吉林出版集团股份有限公司

图书在版编目（CIP）数据

　　非物质文化遗产的传承与设计 / 杨蕾著. —— 长春：
吉林出版集团股份有限公司, 2022.9
　　ISBN 978-7-5731-2234-6

　　Ⅰ.①非… Ⅱ.①杨… Ⅲ.①非物质文化遗产—保护
—研究—中国 Ⅳ.①G122

　　中国版本图书馆CIP数据核字(2022)第170424号

非物质文化遗产的传承与设计
FEIWUZHI WENHUA YICHAN DE CHUANCHENG YU SHEJI

著　　者　杨　蕾
出 版 人　吴　强
责任编辑　蔡宏浩
装帧设计　张晓燕

开　　本　787mm×1092mm　1/16
印　　张　8.5
字　　数　110千字
版　　次　2022年9月第1版
印　　次　2022年9月第1次印刷

出　　版　吉林出版集团股份有限公司
发　　行　吉林音像出版社有限责任公司
　　　　　（吉林省长春市南关区福祉大路5788号）
电　　话　0431-81629667
印　　刷　三河市嵩川印刷有限公司
ISBN 978-7-5731-2234-6　　定　价　55.00元

如发现印装质量问题，影响阅读，请与出版社联系调换。

PREFACE

近年来，全球经济进入了快速发展时期，经济发展又带动着科技、文化的多样变化。自20世纪初期农耕文明被迫开启消亡的步伐后，进入21世纪的经济社会变革更显剧烈。在人类社会物质文明高度完备的今日，全球范围的有识之士开始意识到人类文明的延续不但要靠充足的物质基础，更为需要的是精神层面的充实。而人类精神的充实必不可少地包含有文化的洗礼。人类社会的发展，不但给我们留下了丰富多彩的物质文化遗产，也同样诞生了灿烂多姿的非物质文化遗产。非物质文化遗产是人类智慧的结晶，是历代先贤想象力、创造力最神奇的见证，代表着各种民族古老的生命记忆，被誉为人类文明的"活地图"。非物质文化遗产保护重点在于文化的"传承"，而传承的核心就在于传承人的保护。

非物质文化遗产的传承呈现出特色鲜明而又纷繁复杂的特点，在各种当代文化的冲击下，非遗消失的速度远远快于被社会知晓与传播的速度，如何保护、传承、创新、发展非遗不是相关人士的个别责任，而是享受历史文化资源的整个社会群体的必须要求。本书围绕传统的坚守与创新求变的积极追求、现代审美能力亟待提升的现状，以及必须提高品牌意识和传播意识等方面展开论述，努力探索非遗的动态性生存之路。

为了推动对非物质文化遗产的保护工作，本书致力于围绕非物质文化遗产的传承与设计进行深入浅出的理论探讨，书中首先对非物质文化遗产的保护进行了具体分析，接下来对非物质文化遗产保护方法体系、传承人的保护、文化创意语境下的非物质文化遗产及非物质文化遗产的创意文化与产业价值做了详细的阐述，最后对非物质文化遗产数字化保护机制与实现路径做了探讨。本书主题明确、结构合理、内容全面、研究深刻、富有创新，对于研究非物质文化遗产的传承与设计具有重要的现实意义。

编　者

CONTENTS

目 录

第一章　非物质文化遗产概论

第一节　非物质文化遗产内涵与概念外延

关于"非物质文化遗产"的内涵，国内外的学者众说纷纭，但一般普遍认为，广义"非物质文化遗产"应该包括前人创造并遗留下来的全部口头、非物质形态的文化遗产。非物质的东西一般与人体相关，多是人为的。广义的非物质文化遗产除了特定的口头文化外，还包括人的行为文化（或人体文化、传人文化）。狭义"非物质文化遗产"则指联合国教科文组织所希望予以保护的范畴，即口头传统及作为文化载体的语言；传统表演艺术；民俗活动、礼仪、节庆；有关自然界和宇宙的民间传统知识和实践；传统手工艺技能；与上述表现形式相关的文化空间。

一、非物质文化遗产内涵的提出

非物质文化遗产（Nonphysical Cultural Heritage）本身溯源于原始先民的文化创造，但关于该概念的历史渊源问题，国内学术界存在两种观点。第一种，可以上溯至两个起点：一个是1950年日本政府颁布的《文化财保护法》中涉及"无形文化财"的提法（文化遗产在日本、韩国被称为"文化财"）；另一个就是1989年联合国教科文组织提出的《保护民间创作建议案》（以下简称《建议案》）中关于"民间创作"（或"传统的民间文化"）的提法。第二种观点认为该概念起源于1972年联合国教科文组织第17届会议通过的《保护世界文化和自然遗产公约》，公约中关于文化遗产遴选标准的条款中有几条完全能涵盖"非物质文化遗产"的特点，例如"为一种传统或目前尚存活或业已消失的文明提供独一无二或至少是非凡的证明"，与事件或现有传统，与思想或信仰，或与具有突出的普遍意义的艺术作品和文学作品有直接或有形的联系等。此后，部分会员国便立即发出制定民间传统文化及"非物质文化遗产"方面国际标准文件的倡议。

（一）人类文化之间的关系——内涵提出的基础

文化是人类的一个重要构成，这已经是一个不争的事实。在人类学中的体质人类学打开了人类起源的"奥秘"，回答了"人"是如何来的。解决了人的起源问题之后，却并没有能够解决人是什么的问题，因为体质人类学只解决了人的肉体存在，没有解决人的文化存在。人的肉体存在只是一种体质人类的存在，而人的存在不仅仅是体质人类的存在，只有体质人类的存在与文化人类的存在一起，才能在世界上构成真正意义上的人的存在。

这就是为什么我们要把人定义为"动物＋文化"的基本原因。动物就是人的体质人类学的意义，文化就是人的文化人类学的意义。不论是把工具的制造，或是把"火"的应用作为"人猿揖别"的标志，其意义都是一样的，都是把人的文化"肇始"作为完整人的意义的开端。只有这个开端的出现，我们今天理解的人才可能出现。是自然造就了人的体质存在意义，而人的文化则造就了人的文化存在意义。人的文化的肇始又是源于一种被我们今天的人称为自意识的事物存在，而这个"自意识"又是在自然世界中，人猿为了自己的体质人类学的生存而引发开来的。我们的祖先不管是用火，还是制造工具，都不是以我们今天理解的"自意识"为目的出现的，但这些行为使我们的祖先从中意识到自己的存在，这就开始了我们人类文化的创造。

"自意识"是人类在自己的物质生存需求中产生的，也就是说是人自己创造了自己的文化，并进一步地生存于其中。我们说人类是由两种要素构成的，一是动物的，二是文化的，并从中生发开来许多生存概念，比如大的有"物质生存""精神生存"等等。

人类自己创造了文化，并生存于其中，但在最初的文化创造中，人类的文化意识是受制于物质的，人类的文化多局限于物质的存在形式，是人类在物质的形式中积累自己的文化意识。这时候，人类所有的意识都是混沌的，只有自然物质与人的意识的区别，而不可能有我们今天所说的物质意识和精神意识的区别。

再后来，人有能力把自己感觉到的意识加诸于物质，使物质的存在形式从自然存在变为以人的意识为前提的存在的时候，人在这样的非自然物质形式的存在中就"发现"了自己的存在。从这以后，人类的意识主要表现在这种性质的物质文化上，这种文化的基本价值取向主要是物质能力和物质利益。这个方面很重要，它是人与一切动物完全分离的基本保障。

在这种物质意识的存在基础之上，人们又发现了比之更为重要的人类文化形式存在，这就是精神意识的形式。物质意识在物质形式之上有强大的建构能力，但它离不开形式的物质性，它一旦离开了物质的形式，就不可能具有自己的建构能力。并且，物质意识可以在自己的形式上获得意义，但它的最终意义却要依靠精神的意识形式来实现。而精神意识则在物质形式的情况下和不在物质形式的情况下都具有强大的根本性的建构力。

从这个意义上来说，是人创造了自己，并让自己生活在自己创造的越来越精细的文化中。人自己创造的文化不但改造了人的属性，也改造了人的本性。我们说体质人类和文化人类是人之所以构成的重大要素，但实际上人的文化力量与体质人类早就不是一种对等的关系。别的不说，就是"体质人类学"这一词汇，也是人类文化力量的一种体现，不然，它完全可以称为"某种动物学"。即便如此，它也得纳入人类文化力量表现中的动物学体系。

我们今天已经不太清楚我们人类在宇宙中表现自己的文化力量有多长时间了，人们已经清楚地认识到，文化是一种力量，是可以使我们的现实生活变得更好的一种力量。我们今天所说的、所研究的非物质文化遗产，也应该是一种基于这种认识的作为。

另外，以上关于人类的文化和文化的人类的认识，也可以说是我们研究非物质文化的基础性认识。

（二）对非物质文化空间的认识——内涵提出的依据

非物质文化遗产是一个比较新的学术概念，是相对于物质文化遗产而言的。我们离不开各国文化人类学家所提出的文化概念的定义，它已经是全世界所有知识界的基本常识。我们不管对人类文化有多少种描述，都要包含在所有的时间和空间里所创造的文化。我们在非物质文化遗产中所讲的文化，也只能是这样的文化。但是，在非物质文化遗产中，把人类的文化分成了"物质文化"和"非物质文化"两个概念。（物质文化）这种文化的基本价值取向主要是物质能力和物质利益，那么，非物质文化概念的界定就正好相反，就可以说非物质文化的基本价值取向，主要是人的精神和观念能力及观念利益。这样的概念表述应该更为细致一些，但仅此已经足以表述物质文化和非物质文化的意义了。这里还有一个重要概念，就是"遗产"。遗产的词汇含义有二：一是前人遗留下来的；二是有价值、有意义的。在遗产与非物质文化组合以后，非物质文化遗产就有了人类创造的、前人遗留下来的、有精神和观念方面价值和意义的文化遗留。如果加上中国字样，就有了中国版图内非物质文化遗产的限制。这个概念排除了人类文化中的物质文化，并以至今仍然存在于世的非物质文化为主要的研究和关注对象。

在非物质文化遗产中，其内部存在又是纷繁复杂的，为此，中国的非物质文化遗产专家们，又根据中国的非物质文化遗产状态，把它们分成数十类。在这些分类中，又会有更细的划分，非物质文化遗产中的"文化空间"概念，就是这样的产物。在这些非物质文化分类中，大多数分类概念是比较清楚的，唯有文化空间概念最不清楚。

文化空间，从字面上的理解是有文化的空间，相对于有文化的时间。有文化的时间可以从人类的节日文化中得到诠释，即一个特定的时间里有人类特定的文化表现。有文化的空间表面上也可以这样来表述，即在一个特定的空间里有人类特定的文化表现。这在字面上好像没有什么问题，但在实际中就有问题了：一是文化空间概念中体现和保护的是文化空间本身，还是文化空间中出现的文化？二是对文化空间特定性的认定。每一种文化都特定在一定的空间中出现，每一种文化都有自己的文化情景意义表述，你能确定与普通文化相异的文化空间就是文化空间，还是在一个文化空间中特定意义的空间才是文化空间？这些都是可以引起一系列歧义的问题。在中国文化部的第一次中国非物质文化遗产名录中，原来是有文化空间这个子项的，但后来又没有了，为什么？就是在理论上我们对文化空间没有一个清晰的认识。基层的文化干部把民族文化社区视为文化空间，比如说"某某民族文化空间"，即有某一特定民族生存其中的区域，就是文化空间。还有把有某一特定文化表现的地方也称为某某文化空间。还有，在一些文化空间的名录中，似乎什么都在保护，但可能什么都具体不起来。

"某某民族文化空间"是把某一民族所生存的区域，以及在这一个区域中的民族文化表现视为一个非物质文化遗产意义上的事物。这是把文化空间的特定性质普遍化的做法。如果这样，任何一个具有特定意义的文化区域都可以成为文化空间意义上的事物，这显然是不现实的。如果把某一特定的文化概念普同化，也就自然失去了这一文化概念的意义，也使我们无所适从。什么都是，那就是什么都不是。把文化中具有空间性质的文化表现都视为文化空间意义上的事物，也是我们在非物质文化遗产认定上常犯的毛病。实际上文化的表现，尤其是我们所说的观念和精神性质的非物质文化，它的时间性质和空间性质是无所不在的。每一个可以独立表述的文化体，都一定是时间的、空间的，如果我们把这种意义上的空间性质都作为文化空间意义上的事物来表述，也是一种文化泛化的认识。这对我们正确地认识文化空间的文化意义也是有害的。

在这两种泛化性的认知中，所谓文化空间中的保护对象也是泛化的、虚置的，即我们在这种认识中不知道我们要具体保护的是什么。是所谓文化空间中的文化？那这只能是一种文化区域性质的保护，也就是文化生态区域的保护。这种保护与我们所说的文化空间保护相去甚远。那么，保护其中的文化，也是一个不能具象化的事物。

文化空间在非物质文化中是一个文化平台式的形式，它在非物质文化遗产中是有独特意义的，但我们在上述的认识中是看不清楚所谓文化空间的意义的，反而会落入文化的一般意义的保护上。

（三）物质文化遗产的特性——内涵提出的条件

非物质文化遗产中的文化空间概念是一个特定的有意义的概念，它不是一个说不清楚就可以搁置一边的事物，它的存在在非物质文化遗产中有非凡的意义。实际上，在文化人类的理论上是能说清楚这一文化概念的。

在人类文化表现中，每一个种群的人都会生活在一定的时间和空间里，这是人类生存的基本宇宙属性。但是，人类生存的时间和空间并不是自然性质的空间和时间，而是经过人文化了的时间和空间，即人类赋予了自然的空间和时间的人文意义。这是人类文化在时间和空间上的一般意义上的表现，即人类的每一个文化表现都会具有这样的性质。这样，就不能够以这种人类文化的一般意义上的空间性和时间性来理解我们所说的文化空间。上述种种的文化空间的理解，多数就是这样的理解，这就与我们所说的文化空间相去甚远。

人类的文化中有一般意义上的时间性和空间性表现，但是在人类文化中还经常性地注意到，有一些特定的文化空间作为一种文化形式在文化中起着极为重要的作用。比如某种在空间中被人类特殊标定了的文化空间，某种被自然力和文化力推动而形成的特定空间。

在各个文化体中，打开文化阀进入我们所说的文化空间的方式可能是不一样的，但由文化阀而进入我们所说的文化空间则是必然的。

这个空间的大小是没有特定限制的，可以很大，也可以很小。它在具体的物理的立方体表现上没有意义，它实际上是由人类的心理来界定边际的空间。这是我们从空间上对文化空间的理解，但这个空间还不可能是没有时间性限制的空间，它在时间上也是有一定界定的。比如说屯堡人的地戏演出，每年开戏时有一个开箱仪式，最后也有一个封箱仪式。从开箱到封箱，就是这个文化空间的时间长度。这在南开"三口塘"的花场也一样，它有开场仪式的"栽花树"，也有最后的仪式"送花树"。从开始的"栽花树"到最后的"送花树"，也就是这一文化空间的时间长度。

这是文化空间的时间性的基本表现。文化空间的时间性与一般人文空间的时间性不同，一定是在转换空间性质的仪式举行之后，才具有我们所说的文化空间的时间意义。这里的时间意义还不是其自身的时间意义的呈现，而是一种体现空间延展意义上的时间，是为空间服务的时间，所以这里的时间永远不会成为主体。这里的时间在延续完空间的文化意义后，它的使命也就结束了。

在人类文化中，也有以时间性为主体的文化表现，比如节日文化。在这样的文化中，时间就是主导性质的，即文化的意义主要是由时间来表现的，只有在这样的时间里表现的文化才是其文化的主体。比如中国人的春节，春运期间上亿人的流动体现的就是一种文化的时间意义。从这里来理解文化空间的时间意义，可能更为透彻。

在人类文化中，有的文化是以时间意义为主的，有的文化是以空间意义为主的。我们所说的文化空间，就是以空间意义为主的一种文化。另外，还可以从中看到，时间性文化和空间性文化还存在着相互依赖的关系，时间文化中不可能没有空间性的意义，空间文化亦然。

二、非物质文化遗产内涵的复杂性

"非物质文化遗产"是目前文化界的一个新潮时尚的文化概念，这个概念的产生并不是由于文化种类的增殖，而是人们对已有的文化存在状况和发展趋势的重新认知和反思。在"非物质文化遗产"的文化实践中，人类的思维逐渐从分析还原的简单模式走向了整体性、非线性、系统性、历时性的复杂思维方式，用这种复杂的思维方式把握"非物质文化遗产"内涵的复杂性，这不仅是对"非物质文化遗产"的超越性解读，也是对"非物质文化遗产"真实存在状况的无限接近。

联合国教科文组织第32届大会通过《保护非物质文化遗产公约》，对"非物质文化遗产"的概念给予了明确的界定，即为"各群体、团体、有时为个人所视为其文化遗产的各种实践、表演、表现形式、知识体系和技能及其有关的工具、实物、工艺品和文化场所。各个群体和团体随着其所处环境、与自然界的相互关系和历史条件的变化不断使这种代代相传的非物质文化遗产得到创新，同时使他们自己具有一种认同感和历史感，从而促进了文化多样性和人类创造力。其中明确指出非物质文化遗产具体包括：口头传统和表述，表演艺术，社会风俗、礼仪、节庆，有关自然界和宇宙的知识和实践，传统的手工艺技能"。

非物质文化遗产概念的提出及其项目保护工程，经历了近半个世纪的发展，通过深刻反思和科学总结创建出来的跨世纪新概念和国际性新举措，从"无形文化财"的提出到"无形文化遗产"，到"民间创作"，再到"人类'口头和非物质遗产'"，最后到"非物质文化遗产"的确定，跨越了五大里程碑，经历四次修改与完善，名称发生了多次变化，内涵也随之发生相应变化。

（一）非物质文化遗产内涵的双重性

这一界定既包括了"非物质"理念，也有"物质"形象的存在，这引起了人们理解上的困惑和学术界无休止的争论。例如，从我国先后成功申报的世界级"非物质文化遗产"代表作"昆曲艺术"和"古琴艺术"来看，它们的"非物质"性是已经被确定了的，但是我们也的确不能否认它们所包含的种种"物质"现象。为了保证"非物质文化遗产"这个名称的逻辑合理性，人们就有了种种对"非物质文化遗产"中"物质"成分的挤压。有人认为"非物质文化遗产"中"物质"的成分只是遗产的载体或附加物，是不重要的，其核心是"非物质"的；还有人将"非物质文化遗产"中的"物质"进行哲学上的分割，提出了"非物质"即"非物质实体"的观点。但不管怎样贬低和排斥，"物质"性都是"非物质文化遗产"不可或缺的成分。我们不能想象一个没有"物质"成分的昆曲表演，也不能想象没有"物质"内容的古琴演奏。因此，可以确定"非物质文化遗产"是包含着"非物质"和"物质"双重内涵特性的一个复杂概念。"非物质文化遗产"这个词不是来源于学术界，而是国际性的官方组织给定的一个文化概念，是联合国教科文组织为了补充完善"文化遗产"的概念提出的与"物质文化遗产"相对应的一个文化概念。

尽管这些文化遗产都有"物质性"的特征，但"物质性"不是它的唯一特性，甚至也不是它的根本特性。如果认真地加以分析，我们就会发现不论是文物、古建筑还是遗址，它们都蕴含着某一时期特定的知识技能、审美情趣和价值理想等"非物质"的文化元素，只是这些文化元素已经随着这些特定的物质材料固化了，它们既不能变化也不能发展。因此，可以说"物质文化遗产"的最大特点并不是它的"物质性"，而是其物质材料成分中内含的文化的凝固性和确定性。

"非物质文化遗产"这一术语中的否定词"非"否定的不是遗产的"物质性"，而是它的凝固性和确定性。如果说得通俗一些，所谓的"非物质文化遗产"就是传统文化中那些在一定民族文化心理或风俗中被认同的、具有生命活力的不断变化发展的文化形态和文化方式，其中既有"物质"的成分，也有"非物质"的成分，其最大的特点就是那些与"物质"形态密切相关的文化元素是具有生命力的活态的存在，保护"非物质文化遗产"就是对这些特定文化形态生命活力的维护，而这种生命的活力又与人的活动高度关联。也就是说"非物质文化遗产"概念中包含着物质元素、非物质元素和人，而其中的核心要素是人。而人又同时是物理的、生物的、社会的、文化的、心理的、精神的存在物，以人的活动为中心的"非物质文化遗产"因此也就生发出了无限复杂的多元关系。

（二）非物质文化遗产系统要素的多样性

首先，"非物质文化遗产"是以民族传统文化为基本内容的文化体系，民族性是它的基本特性，民族文化是"非物质文化遗产"的源泉。而民族性的特征主要表现在多样性和差异性两个方面，每个地区、每个民族，甚至一个家族或个人都可能是某种特异文化的代表。这不仅为我们提供了取之不尽用之不竭的文化资源，也使"非物质文化遗产"具有了无限的多样性和差异性。因此，"非物质文化遗产"的保护不可能具有特定统一的模式，而是要用具有个性化特征的方式方法。其次，"非物质文化遗产包括：①口头传统和表述；②表演艺术；③社会风俗、礼仪、节庆；④有关自然界和宇宙的知识和实践；⑤传统的手工艺技能从联合国教科文组织给定的义项中可能看出，"非物质文化遗产"内容庞杂，项目繁多，广泛涉及了包括自然科学和人文社会科学在内的多种学科，无法用传统学科进行归类。从划分的五个部分看，彼此之间关联性很低，甚至还有跨学科的情况，这就造成了"非物质文化遗产"的研究和保护的复杂多样性。"非物质文化遗产"的每个类别都是独特的，每一类别所统辖的各个项目也是独特的，涉及自然科学和人文社会科学的不同知识领域。"非物质文化遗产"系统内部元素的多样性和元素之间的低关联度也导致了认知的复杂性，因此对每一种独特的"非物质文化遗产"的保护都极具个性，没有通约的方法可以借鉴。

（三）非物质文化遗产存在状态的生命性

"非物质文化遗产"是由"物质"元素、"非物质"元素和人共同构成的，而其中的核心元素是人。人的特性就是人的无限的创造性活动，人的活动贯穿着"非物质文化遗产"发展的始终，"非物质文化遗产"的存在状态就是充满着人的活动性的文化发展过程。人是生命的存在物，有不断要求创新和超越的愿望，生命过程是一个不断进化的过程，也是一个以未来为取向的过程，因此人的存在是不可界定的。人存在的复杂性、不确定性及不断超越的本性使其不可能终止于某一特定的时刻和水平，因此"非物质文化遗产"也必然由人的创造性活动而不断被赋予新的内涵，这同时也使"非物质文化遗产"本身具有了无限丰富的生命活力。在以人的活动为中心的"非物质文化遗产"的实践中，人的活动使其始终保持着生命的活力，活动一旦终止，"非物质文化遗产"也就变成了某种文化遗存物而不复存在了。

（四）非物质文化遗产认知方式的情感性

关于"非物质文化遗产"的研究方法，学界主张用"田野工作法"和"体验式研究法"。田野工作法，即把研究工作从文本扩展到文化活动空间，进行文化活动过程的研究，在研究中体验文化情境；体验式研究，即在田野工作基础上的体验，以"了解之同情"的态度深入探索研究对象的精神内蕴。这两种研究方法的共同特点就是深入对象情境，深入研究对象的文化氛围，在体验中理解研究对象的内在文化特征、意义和价值，其关键词就是"理解"。也就是说"非物质文化遗产"的研究方法已经超越了现代科学研究自然现象的分析说明法，走向了更为复杂的程式——在实践中的理解和认同。从广义上说，"非物质文化遗产"的研究属于历史研究的范畴。而历史是人的历史，凝聚着人的思想意志和目的需要。

对历史的关注往往来自人对现实和未来的困惑，人们常常立足于自己的时代和现实，以自己的方式去理解历史，从历史中找到自己的需要来满足心理上的某种匮乏，这是对于历史的参与和创造，使历史产生现实的文化效应，实现对现实和人本身的影响和改造，并不断开启新的生命的意义。"非物质文化遗产"研究目的也在于此，不断使这种代代相传的非物质文化遗产得到创新，同时使他们自己具有一种认同感和历史感。

只有通过理解，历史才能超越时空的距离在现实中得到无限延续。无论是理解、认同，还是体验，都包含着丰富的人类情感，这与科学研究中的理性至上的要求是完全不同的，而人类情感的复杂性又使研究本身就具有无限可能性。

（五）非物质文化遗产发展趋势的不确定性

非物质文化遗产是一个处在不断运动和发展过程中的动态活动体系，这也是它的基本属性。由于"非物质文化遗产"内涵和存在状态的复杂性，其发展变化就充满了不确定性。如果这种运动状态一直没有受到官方的特别关注和干扰，就完全可能成为一种自生自灭的发展状态。但是随着文化生态的急剧恶化，这种自生自灭的状态迅速失衡。这引起了国际社会的普遍关注，危机意识使人们功利性地介入到了本来处于自然状态的文化过程之中，人为引导文化的发展方向，但这些干预并未从根本上改变"非物质文化遗产"的不确定的发展趋势。其实从"非物质文化遗产"的内涵分析，它是一种普遍存在的民族文化现象，对于民族文化的整体发展状态来说，代表作项目的申报仅仅是一些特例，是将"非物质文化遗产"典型化的做法，是将民族文化的发展个别化、局限化的做法，是与《保护非物质文化遗产公约》所倡导的保护文化多样性的宗旨相背离的。

对于保护文化多样性，最优秀、最典型、最具代表性这样的概念其实是不适合的。总之，"非物质文化遗产"不仅包含着复杂的文化元素，也处在一个复杂的变化发展状态中，需要人类以复杂的思维方式去认知和关注，只有这样我们才能真正有效地传承、保护"非物质文化遗产"，将它发扬光大。

三、非物质文化遗产发展外延

（一）非物质文化遗产发展历程

联合国教科文组织（以下简称"UNESCO"）对非物质文化遗产名称的认定：1972年，UNESCO 第 17 届大会在讨论通过《公约》时，提交了一份关于非物质文化遗产的提案，同时还指出，"无形文化财"又称"非物质文化遗产"，至此，"非物质文化遗产"这一名称首次出现在 UNESCO 会议文件中。1977 年，UNESCO 在保护遗产的文件中，将文化遗产划分为有形文化遗产和无形文化遗产两大类型。1984 至 1989 年，UNESCO 在第二个中期计划与预算文件中，将"保护文化遗产"项目更名为"保护物质遗产"项目，另外增设"保护非物质文化遗产"项目，二者共同构成"保护文化遗产"总项目，给予"文化遗产"扩展部分以"非物质文化遗产"的正式命名，这一举措表明 UNESCO 已正式接受"非物质文化遗产"的说法。但此时其成员国尚未普遍认同这一命名，如 1982 年，世界遗产委员会在墨西哥会议文件中以"民间文化"表述"非物质文化遗产"；并在 1985 年保护民间文学政府专家第二次委员会文件中沿用此表述；1989 年 UNESCO 第 25 届大会上则以"传统文化与民间创作"来表述"非物质文化遗产"。直到 1997 年，UNESCO 与摩洛哥教科文组织在马拉喀什举行的"国际保护民间文化场所专家协商会议"上，产生了新的概念："口头遗产"，用它概括"各种各样的民间文化表达方式"。随后执行局第 154 次会议认为"口头遗产"和"非物质遗产"不可分，决定在"口头"之后加上"非物质"的限定，于是便产生了人类"口头和非物质遗产"的名称。"人类口头和非物质遗产"项目的诞生，最终直接促成了"非物质文化遗产"概念在国际上的广泛传播与认同。2003 年，UNESCO 第 32 届大会通过了《保护非物质文化遗产公约》，至此，"非物质文化遗产"的名称和概念在国际性标准法律文件中正式确定，沿用至今。

（二）非物质文化遗产的外延实质

关于"非物质文化遗产"的内涵，国内学者向云驹[①]对此做了广义和狭义层面的深入研究，他认为，广义"非物质文化遗产"应该包括前人创造并遗留下来的全部口头、非物质形态的文化遗产。非物质的东西多是人为的，一般与人体相关，广义的非物质遗产除了特定的口头文化（即口头遗产）外，还包括人的行为文化（或人体文化、传人文化）。狭义"非物质文化遗产"则指 UNESCO 所希望予以保护的范畴，即：口头传统及作为文化载体的语言，传统表演艺术，民俗活动、礼仪、节庆，有关自然界和宇宙的民间传统知识和实践，传统手工艺技能，与上述表现形式相关的文化空间。这个范畴不是一成不变的，具备一定的概念和对象的弹性。他总结性地提出，"非物质文化遗产"的外延实际上包含三个层次：①广义的与物质遗产、遗址、遗迹、文字典籍等对应的无形遗产、口头遗产、非物质遗产；②狭义的以民间文学（口头遗产之重要主体和组成）、民间文艺、民俗文化、传统表演艺术、民间科技、民间技艺、民间知识、民间工艺等为内容的口头和非物质遗产；③以狭义的"非物质文化遗产"之精华为主体，以广义的但处于濒危的"非物质文化遗产"为补充，此二者被列入代表作名录时分别以"代表性"和"濒危性"为界定标准。

（三）非物质文化遗产外延的特性

1. 以人为依托的动态传承性

任何传承都需要载体，非物质文化遗产传承与保护也不例外，这个载体便是人。非物质文化遗产首先需要作为传承与保护传承者的人从主观上体认到相应的技艺，通过主体的演化，成为自身传承与保护技能的一部分，然后才谈得上非物质文化遗产的传承和延续。传承与保护说到底就是传承人的濒危。有没有传承人，事实上已经成为判断一个传统文化是不是非物质文化遗产的基本标志。非物质文化遗产随着历史的演进，社会不断的变迁，作为历史和社会的人，其身上负载的文化因素也在不断地发生变化。非物质文化遗产的传承不是一代一代的简单重复，而是在每个不同的时代吸取不同的时代因素，在动态的传承过程中不断地发展、创新和消亡。例如，羌族释比文化的传承，由于羌族是一个没有文字的民族，释比文化都靠口头传授，如果现在还有释比能以原汁原味地做法事等方式来传承释比文化，那么，羌族释比文化是非物质文化遗产。但是，如果羌族释比传承人已经去世，再无人能原汁原味地做一套释比法事等来发展释比文化，那么，我们就不能称其为非物质文化遗产。因为作为一种动态传承，它的生命已经终结。从某种角度上来说，非物质文化遗产是一种受制于传承人主

---

① 向云驹，男，土家族，1956 年生，湖南湘西人。曾用笔名毕兹、肖乡、伍仁、芸芸等。中国文联、中国民间文艺家协会分党组成员、秘书长，兼中国民间文艺研究所所长。

观倾向的文化遗产。

在《保护非物质文化遗产公约》的定义中，非物质文化遗产的传承主体是"群体、团体、个人"，而在我国国务院颁布的《国家非物质文化遗产代表作申报评定暂行办法》中将传承主体转换为"各族人民"。我国作为一个具有文化多样性和民族独特性的多民族的国家，当然不能使用这样模糊的概念，再加上我国历来重视群众的力量，因此，我国将非物质文化遗产的传承主体表述为"各族人民"。

2. 通过某一具体形态表现出的依附性

联合国教科文组织将非物质文化遗产的涵盖范围，大致界定在民间文学、表演艺术、传统工艺技术、传统节日、传统仪式、传统生产知识以及文化空间等几个方面。从该分类中不难发现，尽管人们通常将非物质文化遗产定义为"看不见，摸不着"的传统文化事项，"看得见、摸得着"的东西是不能认定为非物质文化遗产的，但是其认定的过程中，却要依附于"看得见、摸得着"的传统表现形态。

例如，古琴不能被看作非物质文化遗产，但是依附于古琴的古琴艺术却能认定为非物质文化遗产。又如，中国人喜欢讲忠、孝等品德，忠和孝是不能被认定为非物质文化遗产的，但表现忠、孝的端午节、花甲宴却可以被认定为非物质文化遗产。由此可见，非物质文化遗产必须依附于某种"看得见，摸得着"的传承与保护的表现形态呈现出来。

3. 展现民族文化工程价值性

纵观联合国教科文组织近几十年来已开展的传承与保护世界文化与自然遗产名录工作，可以发现，遍及世界各地各个历史时期的遗址、遗迹、建筑和自然景观，都被收入囊中。而那些历史非常悠久，但长期处于原始状态后进状态的民族，因为没有文字、国家等的高度发达，遗址、建筑物等相对简单，其文化甚至以口头相传为主，结果在名录上，它们的踪影就难得一见。

难道它们就没有对人类社会有所贡献吗？当然不是，既然"遗产"是对历史的记录和认识，那么仅从历史价值和历史意义来看，无论民族的大小，他们的文化都是人类文化的财富。而非物质文化遗产代表作就是对这一类珍贵遗产的抢救和保护，是对濒危文化采取的一种记录、传承与保护、评估、拯救、起死回生、继续自续、人类共享的一项文化工程。

4. 确认方式的延伸性

非物质文化遗产的外延是口头传统和表述，包括作为非物质文化遗产媒介的语言；表演艺术；社会风俗、礼仪、节庆活动；有关自然界和宇宙的知识和实践；传统手工艺等。非物质文化遗产指各族人民世代相承、与群众生活密切相关的各种传统文化表现形式（如民俗活动、表演艺术、传统知识和技能以及与之相关的器具、实物、手工制品等）和文化空间。

"非物质文化遗产传承与保护"定义为：被各群体、团体、有时为个人视为其文化遗产的各种实践、表演、表现形式、知识和技能及其有关的工具、实物、工艺品和文化场所。其确认的方式是群体、团体、个人"视为"，即是一种主观的自我确认。从某种程度上来说，能不能归入非物质文化遗产是靠个人的一种认识素质。如果个人的自我体认达不到一定的高度，那么确认非物质文化遗产也就无从谈起，而且能不能被确认非物质文化遗产也不是个人说了算，必须要得到政府、学界的专家的承认。

第二节　非物质文化遗产的基本特征

民族非物质文化遗产是一个民族智慧的结晶，是精神世界的最好体现，因此其最大的特点是不脱离民族特殊的生活生产方式，是民族个性、民族审美习惯的"活"的显现。它依托于人而存在，或以声音、形象和技艺为表现手段，或以身口相传作为文化链而得以延续，但是其中最为珍贵的部分，也是"活"的文化及其传统中最为脆弱的部分。因此对于民族非物质文化遗产而言，其特征是在与物质文化遗产对比中展现出来的。

深入分析非物质文化遗产的含义及其内在关系便于我们准确把握非物质文化遗产的基本特征。因为，任何一种"文化遗产"作为特定的文化形态，其不同于其他文化形态之处就在于它的内涵、结构及其表现形式的特殊性，这种"特殊性"是本真性的差异，是与他者相区别的独特之处，因而，也就成为我们识别"文化遗产"的标志。认识非物质文化遗产的基本特征，应当从它的内涵和内在关系结构及其存续的方式上去分析和识别其独特性。对于非物质文化遗产特征的研究，学术理论界提出了一些有价值的观点，如民间性、非物质性、大众性、活态性等，为进一步分析其基本特征提供了有益的启示。

在对非物质文化遗产的内涵及其存续方式的严密的逻辑分析中，不难认识非物质文化遗产的基本特征。

第一，本土——多样性。

本土，这里指的是生存根基和空间范畴。从本源来看，非物质文化遗产不是自外传入的文化"养子"，是在一定地域空间中土生土长的文化"亲子"，是特定历史环境遗存的结果，是"本地人"的文化创造，植根于"当地人"的生产和生活，成为一定地域空间中"本地人"的文化历史遗产。它说明，不仅不同民族不同类型的非物质文化遗产是不同的，而且就是同一个民族的同一类型的非物质文化遗产也往往因为地域空间的差异而具有不同的本土性差异。这一特征奠定了各民族的非物质文化遗产多样性的基础。这一特征成为民族文化旅游开发的前提，因为差异性是文化旅游消费的根本诱因。

第二，民族——特色性。

文化是人创造的，人是文化的主体。人的存在及其活动是具体的历史的实践方式，人的族类分别决定了人的实践活动方式及其结果的民族性差异，因而民族性是文化的基本特性。非物质文化遗产是具体族类的人的创造物，是特定时域中的文化形态，其本身固有的基本的特征之一就是鲜明的民族性。譬如，同是民族舞蹈这种非物质文化遗产，土家族的摆手舞和苗族的鼓舞就有明显的民族性差异；至于语言、文字、风俗和技能等其他非物质文化方面，民族性差异也是显而易见的。由此可见，民族性是非物质文化遗产普遍存在的艺术特征，同时也是文化多样性的主要形态之一。民族特色是民族文化旅游的市场优势，文化特色成为旅游开发中"三维"力量的价值诉求。

第三，整体——功能性。

这是从非物质文化遗产的内涵结构上来说的，非物质文化遗产作为一种文化遗产形态，包含了历史环境、传承载体和精神内涵三个相互联系的内涵层次，形成一个有机的文化结构整体。任何一种非物质文化遗产都具有这种结构整体性，其内在的三层内涵结构形成一个文化遗产形态，缺少任何一个层次，就不可能形成特定的非物质文化遗产。这三层内涵结构相互依存、相互作用、共同统一于人的活动，形成有机的文化整体中的非物质文化遗产形态，这是非物质文化遗产得以存续的内在规定性，也是我们在认识非物质文化遗产时必须认真注意的特点。这一特征，相对于旅游经营者、旅游消费者和旅游文化持有者来说价值是不一样的，这就会导致在旅游开发中对民族非物质文化遗产的态度和方式出现很大差异，也可能出现市场层面的趋同。

第四，历史——传承性。

与古迹、文物等作为过往历史遗留物的物质文化遗产不同，非物质文化遗产是仍在传承的文化事象，是依然流变着的历史的和具体的文化形态，是特殊群体中有存续生命力的历史文化"遗产"。这种"传承性"指的是非物质文化遗产的存在形态、变迁动力和内在精神。非物质文化遗产是正在传承的文化，它仍然在特定的人群中流变，是"活着"的文化遗产。如当今依然传承的民族语言、歌舞等。应当说明的是，作为历史的存在形态，非物质文化遗产在流变中不可避免地会发生变异，但这种变异是根植于特定文化主体的生存活动，因而是不会丧失的，体现族内传承的特点。非物质文化遗产的"传承性"，还表现在其流变的动力上，这种动力就是特定的文化遗产主体生存的现实需要，一旦文化主体生存中现实的某种需要不存在了，某种特定的非物质文化遗产便失去了存续的动力，其流传和变迁就成为了不可能，而只会消失。譬如，土家族的船工号子，曾经在酉水流域源远流长，是因为纤夫生存的一种劳作选择，如今濒于消失，则因为现在的船工再不像过去的纤夫那样生存了。所以说，文化主体生存需要的流变性决定了其非物质文化变迁动力的作用特点，从深层次上反映了非物质文化遗产的"传承性"特点。

文化主体生存需要的变化，在文化上表现为特定社区族群的习性、情感、意志和价值追求等精神内质，这些精神内质的存续和变迁，从根本上体现特定的社区族群的文化的流变，是非物质文化遗产存续的灵魂，是非物质文化遗产根本的生命特征。没有这种精神内质，非物质文化遗产就不再是"活生生"的生命存在。所以说，精神内质的存续，是非物质文化遗产"传承性"的核心依据和本质表现。维系这种历史和传承，是民族永续发展的根本保证，也是旅游开发中"三维"力量的共同责任。

因此，在对非物质文化遗产的基本特征的研究方面，物质文化遗产的研究与二者间的关系研究等都是值得分析和研究的重要内容。

一、非物质文化遗产与物质文化遗产的关系

物质文化遗产和非物质文化遗产是人类文化遗产的两大组成部分，虽然二者存在着显著差异，但是它们并不是孤立存在、截然分开的，而是相互依存、互相作用的，共同构成一个综合的文化空间。

（一）物质文化遗产与非物质文化遗产的联系

非物质文化遗产与物质文化遗产关系密切，不是孤立存在、截然分开的，而是相互依存、互相作用的，共同构成一个综合的整体文化空间。"文化空间"是融合两种遗产为一体的双重遗产类型，是定期举行传统文化活动或集中展现传统文化表现形式的场所，兼具空间性和时间性。可以说"文化空间"得以存在的重要条件之一就是需要有物理场所，它可以是文化广场、古村镇、庙宇等人文环境，也可以是森林、大海等自然环境。其中在具有历史价值的文化遗存里进行的传统文化活动成为一类特殊的"文化空间"，即融物质文化遗产和非物质文化遗产为一体的双重遗产类型。其中非物质文化遗产创造物质文化遗产，物质文化遗产是非物质文化遗产的物质化存在物。

物质文化遗产与非物质文化遗产犹如人的身体与灵魂。没有灵魂身体便不会有鲜活的生命感，它们缔结一体共同承载着人类社会的文明。可以把物质文化与非物质文化放在"文化"这一复合体中来考察。按照文化整体论的思想，物质文化与非物质文化是不能分割的。物质文化只有在非物质文化的层面上才能获得意义，非物质文化只有借助于一定的物质文化手段或形式才能被认识。因此非物质文化赋予了物质文化更深的意义。如一个民族的服饰，从纯粹物的层面来看我们只能看到各种图案、颜色、装饰所构成的一件可以穿在身上的衣服。但从非物质文化的角度看，各种颜色、图案、各个部分的搭配等都具有深刻的文化内涵和象征价值，而这些才是这种服饰成为某一个民族特有服饰的本质规定性。因此物质文化离开了背后的非物质性内涵是不能被深

人理解的，也是没有意义的。同样，非物质文化也离不开物质文化的表现形式，离开了物质文化，非物质文化就是不可知的。

非物质文化遗产虽称"非物质"，但与"物"又密不可分，人类文明只有代代相传才能不断丰富发展，只有相互交流才能文物化成。物质文化遗产与非物质文化遗产恰恰就是文象与文脉、实与虚的关系，然而却又是一个统一的整体，存在"内在相互依存关系"，具有文化上的共通性。物质文化是认识非物质文化的重要窗口，非物质文化是物质文化得以实现的基础。在很大程度上物质文化的非物质性决定了物质文化的性质和特点，同样一种具有相似特征的物质文化，但在不同的非物质语境下就会具有不同的意义。非物质文化是要借助于一定的物质文化形式来表现的，任何一种物质文化后面都蕴含有非物质文化的意义和价值。总而言之，在文化整体观视野下，物质文化与非物质文化是相互依存、互相作用的，共同构成一个综合的整体文化空间。

（二）物质文化遗产与非物质文化遗产的区别

非物质文化遗产和物质文化遗产是人类文化遗产的两大组成部分，由此非物质文化遗产取得了与物质文化遗产同等的地位。在当今遗产研究与遗产实践中，物质文化遗产与非物质文化遗产的区别是显而易见的。

从概念内涵入手，通过分析，二者存在以下几点显著差异：

1. 物质文化遗产和非物质文化遗产的形态不同

物质文化遗产是一种"静态"的文化遗产，而非物质文化遗产则是一种"活态"或"动态"性的遗产。非物质文化遗产的"活态"性体现于口头传统和表述及其语言、表演艺术、社会风俗、礼仪、节庆以及传统工艺技能等遗产中。它们的文化内涵是通过人的动态活动表现出来的，是通过人的言行传达给受众的。"活态"或"动态"性，是非物质文化遗产的本体特性，是非物质文化遗产的重要特性之一。物质文化遗产的文化内涵是通过人的研究、挖掘、探索等获取的，它是一种"静态"的遗产，"静态"性是它重要的特征。对于物质文化遗产的研究是从"静物"见"文"，而对于非物质文化遗产的研究是从"传承人动态性的传承活动"见"文"。

2. 物质文化遗产和非物质文化遗产的性质不同

物质文化遗产具有"物质"性，非物质文化遗产则具有"非物质"性。"物质"性和"非物质"性是两种文化遗产最本质的区别所在。非物质文化遗产由于它的非物质性被称为非物质或无形遗产，这是它存在的基本特征之一。物质文化遗产是历史文化的物质载体，是用一定的物质材料建造、制作的，又是以一定的形态生存于一定的文化空间中，离开了物质材料，它们就不复存在了。

3. 物质文化遗产和非物质文化遗产存在的领域不同

非物质文化遗产存在于人类的精神领域中，即存在于人们的口头传统和表述中，存在于传统工艺技能操作实践中。而物质文化遗产则存在于人们的物质世界中，即以一定的物质形态存在于一定的文化空间中。前者是一种非物质的知识技能，后者则是一种物质的本身。

4. 物质文化遗产和非物质文化遗产的时代不同

非物质文化遗产的时代性具有传承性、延续性的特点，即在历史发展的不同时期，它的时代性是连续不断的。在后一阶段的时代性中都或多或少包含了以前阶段的时代特点。在不同发展阶段，一般会保留其基本主体与根本性质，会保留其合理内核和科学文化内涵。而物质文化遗产则不同，任何一处或一件物质文化遗产的时代性是特定的历史时期的具体表现，并不具有连续性，只体现该处、该件物质文化遗产产生年代的特点。它是一定历史时期人们社会活动的产物，蕴藏着当时的相关内容和信息，其时代性和时代内容在历史事迹和遗物上是统一的。这一历史烙印不会随着时代的发展而改变，是相对稳定的。

5. 物质文化遗产和非物质文化遗产的保护方法不同

文化遗产有什么样的特性就对应什么样的保护方法，这是它们各自的本质特性决定的。物质文化的生命已经终止在一个历史节点上，而且凝固在一个物质外壳之中。因此对它是按一个历史文物的特征来保护的，一般采取考古发掘、整理归档、收藏修复、展示利用等。将其既有的物质形态保存下来，使之永续存在。而非物质文化遗产正存在于人民大众的日常生活中，存在于不同的介质之中。因此对它是按一个动态现实物的特征来保护的，一般采取建立传承中心、建立传承人保障制度等方法进行保护并传承给下一代。从理论上可以看出，物质文化遗产和非物质文化遗产是存在差异的，但在当今遗产研究与遗产实践中，两者又是交织在一起的。在保护工作中应该二者兼顾，不可顾此失彼。物质文化遗产与非物质文化遗产共同承载着人类社会的文明，是世界文化多样性的体现。非物质文化遗产所蕴含的民族特有的精神价值、思维方式、想象力和文化意识，是维护文化身份和文化主权的基本依据。对于一个地区或一个国家而言，二者相辅相成、缺一不可，它们共同构成一种文化的整体形态。

二、非物质文化遗产的基本特点

对于民族非物质文化遗产的基本特征，学界一直在讨论，由于对民族非物质文化遗产的研究的角度较为复杂，研究的立场也不尽相同。虽然没有统一的标准和统一的界定，但是按照民族非物质文化遗产的内涵和外延的研究，基本可以分为民族独特性、活态性、非物质性、传承性、变异性、生态性、地域性、共享性等特点。

（一）民族独特性

民族非物质文化遗产一般是以文化或者艺术的形式存在的，是一个国家或一个民族、一定地域人们的行为方式、风俗习惯、礼仪、面貌等，通过一定形式表现出来，这就必然具有唯一性和不可替代性，同时这些表现出来的思想、情感，也具有不可模仿性和不可再生性。因此民族非物质文化遗产必须具有民族独特性，从而才能成为世界文化多样性中独特的一员。

这种民族独特性对相关社区及文化多样性的保持有特殊价值。这种特殊价值指的是由于它与相关社区的文化传统或文化史具有相当程度的渊源关系，从而对不可再现的独特历史具有解释力，也就是对民族历史具有再认的价值，这种解释力还必须是无可取代的，因而能够成为它必须持续发展和传承的理由。即使它具有绝对的精密和高超，但不具有阐释历史和民族的独特价值，可以在任何时代、任何地域通行和延伸的文化成品和技艺，以发展后的形态或模仿形态作为保护对象的倾向，也是不符合遗产保护精神的。

民族非物质文化遗产极富精神价值，这也是其民族独特性的一种表现。任何一个国家和民族都有自己独特的文化传统，非物质文化遗产体现了国家和民族长期以来结合发展成的共同心理结构、意识形态、生产生活方式和习俗等特点，所以非物质文化遗产既是民族精神的载体，又是民族精神和传统文化的象征。中华民族传统文化中许多闪光的伦理精神，如大公无私的天下为公精神，品质高尚的舍己为人精神，大义凛然的威武不屈精神，虚怀若谷的厚德载物精神，清正廉明的刚正不阿精神，艰苦奋斗的自强不息精神，等等，至今仍然像涌动不绝的一泓清泉，陶冶着中华儿女的情操。

非物质文化遗产有着独特的历史价值，它是人民群众在劳动实践中创造的，是人类智慧的结晶和历史进步的标志。由于非物质文化遗产凝聚了古人对事物本质和规律的认识和实践经验，所以世世代代传承下来的民族民间的科技文化蕴涵着大量的尚待开发和破解的历史文化信息。这是祖先留下的极具历史价值的精神文化宝库，为我们后人的科技发明和文化创造提供了无限丰富的灵感资源。

（二）活态性

非物质文化遗产只要存在，与作为历史残留物的静态的物质文化遗产不同，它始终是生动鲜活的。非物质文化遗产是人的价值的体现形式，重视人的创造力、重视精神因素，是借助于人的活动展现出来的。

这主要表现在两个方面：一方面，非物质文化遗产的存在形式是活态的。非物质文化遗产隶属于人类行为活动的范畴，无论是语言、戏剧，还是传统手工艺制作或民间习俗，它们都需借助人们的行为活动直接表现。这种表现不以空间占有性为必要特征，但总是同某个表现过程有关。在这些特殊的表现过程中，语言的使用、口头传说的传播是动态的；音乐、舞蹈、戏剧的表演是动态的；同技艺紧密结合在一起的器物制作过程是动态的；民俗习惯的表现也是动态的。这种动态性贯穿于非物质文化遗产的整个存在过程，赋予它们以活态的特征与非物质文化遗产保护的生命力，从而与以静态形式存在的物质文化遗产明显地区别开来。那些流传至今的非物质文化遗产，虽然是历史遗留下来的古老文化形式，但无论它们诞生的年代距今多么久远，只要还蕴藏于人们的行为活动之中，就依旧是具有活态的文化形式。

另一方面，从发展的角度来看，非物质文化遗产一直处在一个不断变化的过程中。非物质文化遗产活态的表现形式决定其与文化生态的关系异常紧密。文化生态的变化必然引起非物质文化遗产的变化。一切现存的非物质文化遗产，都需要在与自然、现实、历史的互动中，不断发生变异和创新，这也注定它处在永不停息的运变之中，这也恰恰是非物质文化遗产具有强大生命力的表现。

总之，特定的生存形态和变化品格，造就了非物质文化的活态性特征，这应该是它的基本属性。无论出于何种原因，只要活态不再，其生命也便告终。

（三）非物质性

非物质文化遗产的最根本特点是它的内在精髓没有固定的物化形态，也就是说非物质性是人类非物质文化遗产的根本特性。非物质性是与满足人们物质生活基本需求的物质生产相对而言的，是指以满足人们的精神生活需求为目的的精神生产这层含义上的非物质性。所谓非物质性，并不是与物质绝缘，而是指其偏重于以非物质形态存在的精神领域的创造活动及其结晶。

而作为非物质文化遗产的载体——民间传说，戏曲艺术，礼仪节庆禁忌，民间手工艺术种种非物质文化遗产，它们其中的一部分均没有物质载体，没有物质形态，不是以一定的物质形态存在于一定的环境之中。通常它只作为一种知识、技能或是技艺，存在于非物质文化持有人的头脑中，存在于人们口头传说和表述中，存在于不同的艺术表演之中，存在于各种民俗、节庆、礼仪之中，存在于传统工艺技能操作实践之中等等。非物质文化遗产的存在形态，与物质文化遗产的存在形态完全不同，因为它是非物质的、无形的，这是它的质的确定性，也是我们观察非物质文化遗产的出发点和归宿。

但是非物质文化遗产也具有物质层面，其中包括：有些非物质文化遗产的形态本身就是物质的，比如：木版年画、民间剪纸、刺绣等等。可以说物质层面是非物质文化遗产的载体，非物质文化遗产本身就要依靠物质层面来表达和呈现。不管是口头的民间文化与口头艺术传统，还是以身体的行为、姿态、动作为表现形式和表现对象的文化和艺术，其载体都是人，没有人就没有口头的民间文化与口头艺术传统，就没有口头和形体相综合的艺术。

（四）传承性

传承性是非物质文化遗产的最基本特征。非物质文化遗产是通过心口相传，依靠世世代代的传承活动得以延续的。因此，可以说如果失去了民族性、家族性的传承，那么非物质文化遗产也就失去了存在的根基。非物质文化的进化与文化一样都是经过细致周密的进步与循序渐进的过程得以发展的，其表现在两个方面：一方面是传递，即传承；另一方面是沉淀，即积累。

由于非物质文化遗产可以依靠代代相传而保留下来，因此可传承性是非物质文化遗产的又一重要特征。在漫长的历史过程中，传承活动的进行使以动态表现为特征的非物质文化遗产的保留和延续成为可能，并使之成为历史的一种活态见证。可以从现存的非物质文化遗产的各种表现，了解和获取过去人们的生活习惯、行为特征以及思想观念等信息。传承对非物质文化遗产具有重要的意义，它是一种动态记录历史的方式，因而有人将其称为活化石。一旦传承活动终止，非物质文化遗产的动态表现便不复存在，其活化石的功能也宣告消亡。

口头文学、表演艺术、手工技艺、民间知识类的民俗文化都是民族非物质文化遗产的传承载体，一般是由传承人代代相袭而得以传承延续。杰出的或优秀的传承人，既传承前人的遗产，又以过人的聪慧推动创新和发展，对于非物质文化遗产的延续，起着超乎常人的重大作用。非物质文化遗产的最大特点是不脱离民族特殊的生活生产方式，是民族个性、民族审美习惯的显现。非物质文化的产生和存在既与相关生产方式、生产力的发展水平有关，也与产生这种文化的土壤和背景，包括民族、地域的独特生活方式，文化传统、文化心理、审美原则、风俗习惯有关。它依托于人本身而存在，以声音、形象和技艺为表现手段，并以身口相传作为文化链而得以延续。

非物质文化遗产的传承方式大体有两种：一种是群体自发的传衍。群体自发的传衍是非物质文化遗产传承的一个重要渠道。随着社会的发展，部落和村镇出现，民族形成，人类社会出现了种种人群集合体，非物质文化遗产就是由这一群体不断创造、完善、传承和保护下来的。与绘画等强调个人风格的某些艺术形式不同，大多数非物质文化遗产都是群体智慧的结晶，并在群体生活的地域内流传、延续，并通过历史的不断传承逐渐形成当地文化传统的一部分。无论是群体创作，还是群体传承，都有很大的随意性。

另一种传承方式是人们通过父子、师徒口耳相传。人们通过模仿、学习等方式，在上下代之间进行各种行为、技能、习惯的传承活动，使语言、技艺、民间艺术等非物质文化遗产得以不断延续。这种传承方式决定了传承和积累的独创性与经验性。同时，这也是制约非物质文化遗产广泛传播的一个因素。语言、技艺、民间艺术的传承尤其需要后继有人，家族式的单线传承很容易中断，从而造成技艺失传，不利于非物质文化遗产的保护。

非物质文化的传承或传递，是民众对文化的自我选择，也是民众对文明的自主抉择，任何外力的干涉都是徒劳无功的。因此非物质文化遗产的千秋传承，是在传递中增添新的因素和成分，这其中包括发明、创新、扬弃和吸收（异文化的因素），从而形成积累，推动文化的进化和发展。

在这个烦琐而漫长的文化传承过程中，又有着冗繁的传承载体和庞大的传承群体。礼俗仪式、岁时节令、社祭庙会类的非物质文化为民族非物质文化遗产群体传承的一种形式，一般属于群体记忆或民间记忆，是以群体传承（族群传承）而构成传承链，得以传承的。其贯穿于整个人类社会的发展史，对维护社会的稳定有一定的约束力，它贯穿于人们的各类活动之中，是遍存的民俗制度。

（五）变异性

非物质文化遗产是通过有意识的学习和交流得以传播和发展的。但是这样的发展又是与时俱进的，人们的生活环境发生变化，科技力量和人文地理的加入也使非物质文化遗产在传承和发展中发生细微的变化。但这变化与文化的变异一样，是一个漫长的、潜移默化的过程。传统文化总是千方百计扼制新生文化的传播，或在一定限度内调整其结构，修补自身的某些缺陷，协调与新生文化的冲突而保持稳定。但是，这种稳定是暂时的。文化生态系统之所以存在变异，是因为人类所创造的一切文化，从它被创造的第一天起，就存在着不合理性，存在着自我相关的矛盾性。为了在这种动态中寻求一种平衡，文化要不断地调适自己以适应环境的变化，同时这种调适又成为下一次文化变异的诱因。

作为文化的一个重要的组成部分，非物质文化遗产的变异有其内部与外部的原因。首先，非物质文化遗产的变异性与其自身的传承方式密切相关。非物质文化遗产的世代相传的过程就是人们不断强化和接受社会观念、社会习惯的过程，具有强烈的社会学和心理学性质。非物质文化遗产的传承不是机械传递，而是人们根据各自的经验、知识、兴趣、爱好等主观意向重新解释、估价、确定文化价值的心理过程。在这个过程中人们不仅估量和确定某种文化的价值，而且还会增殖和繁衍出许多新的文化和意义。

非物质文化遗产传承过程中的选择、组织、接收、反映是各种社会文化心理交互作用，是对文化信息不断解释、注译、附会的社会文化活动。文化信息的选择、制作、组织、传递都在不同程度上受到文化主体的知识、信念的影响。文化增殖和观念衍生不仅存在于文化传播之中，也同样存在于文化信息的接收者的整个反应过程，非物质文化遗产的传承并不是传播者与接收者的两极互动，而是多种社会因素的互动和参与的过程。

其次，在全球化的进程中，非物质文化遗产原生的文化生态不可避免地受到影响，非物质文化遗产所赖以生存的文化生态发生变化，相应的非物质文化遗产也要随之变化。人们不可能直观地看到非物质文化遗产处于不断的变化中，变异之初的速度之慢甚至是人们无法感知的。但这丝毫不能改变在不断变化中的事实，否则，我们至今还在茹毛饮血呢。无论如何，文化的不变是相对的，文化的变迁是绝对的。所有具有生命力的文化都是充分利用开放和杂交的优势，在与异质文化的融合与碰撞中发展变化的。各个民族的文化的意义就在于为人的生存与发展提供动力。

人类历史已经不止一次地告诉人们，最有机会与其他民族相互影响的那些民族，最有可能得到突飞猛进的发展。实际上，环境也迫使他们非迅速发展不可，因为他们面临的不仅有发展的机会，还有被淘汰的压力。传承使非物质文化遗产按照自己的轨迹持续稳定地演化，变异赋予非物质文化遗产以强大的生命力，传承与变异是非物质文化遗产生生不息之源。正确认识非物质文化遗产的基本特征是对非物质文化遗产进行有效保护的基本前提，是制定正确、有效的保护原则与保护措施的根本依据。非物质文化遗产非常复杂，全面、准确地把握非物质文化遗产的特征是一项艰巨的任务。

（六）生态性

根据文化生态学的观点，人类是一定环境中总生命网的一部分，并与物种群的生成体构成一个生物层的亚社会层，这个层次通常被称为群落。如果在这个总生命网中引进超有机体的文化因素，那么，在生物层之上就建立起了一个文化层。这两个层次之间交互影响、交互作用，在生态上有一种共存关系。这种共生共存的关系不仅影响了人类的生存和发展，同时也影响了文化的产生、发展，以及文化的创造。社会文化与自然生态相互作用、相互影响，共同构成一个动态的文化有机整体，称之为文化生态系统。文化生态不可移植，不能复制，不会再生。

文化生态是非物质文化遗产生存和发展的前提。非物质文化遗产的独特性归根到底是文化生态的独特性。每一种非物质文化遗产都是在特定的文化条件下成长发展和演变的。各民族的非物质文化遗产之间之所以存在差别，主要是因为它们赖以生存的文化生态（或称为文化土壤、文化生成机制）的不同造成的。如中国传统文化是以黄河中下游地区为基础，在古代中原地区发达的农耕经济和周边游牧经济、血缘宗法关系、春秋战国时期追求社会秩序重整的中和情结的诸要素整合中形成的。

（七）地域性

由于文化生活环境不同，各民族形成了自己独特的非物质文化遗产。生活方式、农耕生产方式、文化传统、习俗、典型特色等是不能被任何东西取代的传统。一个地域、一个民族的文化发展与本地域、本民族已有的文化息息相关、不可分离。地域、民族文化的传播、交流，民族文化的发展，虽然不是绝对封闭、孤立的，但是其风格已经固定形成，不容更改了。它不断地与外界环境交换信息和能量，不断保持自身的协调与发展。即使某一系统能够保持与外界的相对隔绝，也只是暂时的，而且最终必定会因为萎缩而走向解体。

（八）共享性

我国因为是一个多民族国家，情况就更是如此。要特别关注中国多民族的历史和现状对口头和非物质文化遗产的影响。许多口头和非物质文化遗产不是特定民族、特定地区、特定群体独创或独享的文化。例如，火把节、赛龙舟等习俗或艺术形式都是为多个族群所保留和传承的。马头琴艺术、阿肯弹唱、木卡姆传统艺术等同样是我国少数民族的历史悠久、内涵丰富、根基深厚、枝繁叶茂的优秀文化遗产。

总之，非物质文化遗产的研究是与物质文化遗产的研究相区别又相互关联的，物质文化遗产的特征为非物质文化遗产的特征研究奠定了基础，具有重要的理论意义，可供后续的研究者阅读和参考，但也应当承认这些说法还存在一定的不足。例如：民族性、创造性、独特性，所有的文化遗产都是不同民族在不同的历史时期文明与文化发展的见证，都具有本民族的独特性。

第二章 非物质文化遗产的保护

非物质文化遗产保护的目的无非是两个：作为已经衰落的农业文明的遗产，与还在推进中的工业文明以恰当的方式共生相处；如果不能，就应当有尊严地退出历史舞台。作为活态的文化遗产，非物质文化遗产必须要依赖人来传承保护，还需要相关的各种物质条件来支撑。而只有认清各类非遗的趋势和面临的危机，也才能够有的放矢地确定保护的内容和采取的方式。

第一节 非物质文化遗产保护的动力

非物质文化遗产是否能够得到保护，需要各种力量的参与，其中有具体的个人、团体、群体，也有作为社会管理者的政府和代表群体意志的国家。这些力量会根据各自不同的需求来参与或开展保护工作，这些需求有物质的，有精神的。很多时候，既是物质的，也是精神的。只有需求才会驱动保存传承传播等保护行为，并且也使保护得以可持续。需求是各类力量参与保护的最根本的动力。而非物质文化遗产能否满足这些需求，则取决于其原有的功能在当下和今后的社会中能否继续发挥，或者能否转化为其他功能。

一、个体层次的需求

这里所说的个体是指个人，或者由具体清晰的人组成的团体，比如家庭、企业等。团体虽然由多个人组成，但其成员是清晰的个人，团体意志的体现，也是基于个人意志。这些个人或团体如果要保护非物质文化遗产，是由于非物质文化遗产满足了他们以下的需求。

（一）生存的需要

非物质文化遗产作为曾经的生产生活方式，基本的功能就是满足其传承者在温饱、安全和繁衍等方面最基本的需求。满足这类需求的非物质文化遗产往往是最具有实用功能的手工技艺和一部分生产生活知识。如果手艺能够让艺人继续衣食无忧的生活，他们自然还会传承，而那些生产生活知识，只要还能够发挥作用，也必然有人传承。一些看似非实用的信仰和民俗等非物质文化遗产，其实也具有获得安全的功能。

(二) 获取文化认同或尊严的需要

非物质文化遗产具有鲜明的民族和地域的特色，是一个民族和地区最显著的文化基因，也因此成为区别地区和民族的重要标志，成为一个人的文化身份。所以，传承非物质文化遗产是其传承者获得文化认同的重要方式。而文化认同最大的意义在于，可以使传承者在同文化的传承者之间获得安全感与归属感。所以即使一种非物质文化遗产满足传承者物质需求的功能已经消失或者无法发挥，其作为增强文化认同的功能却可能会依然存在。而如果这种文化本身是可以提升传承者的幸福感和自豪感时，他们就会以传承者的身份而自豪，因此则更有传承的动力了。

当一个地方或民族走过了获取生存的初级阶段，转而开始追求精神世界的幸福时，文化自信就会随之而增强。或者在经历了其他各种文化的冲击后，会逐渐认识到母体文化的可贵，更意识到母体文化对于自身的重要性，这就是我们所说的文化自觉。而如果母体文化濒于衰微，就会将这种文化自觉转变为各种具体的行为，传承各种民俗、使用传统手工艺产品、欣赏各种传统的表演艺术就会成为自觉的行动。而当这种文化自觉成为群体意识时，就会转变为整个族群或国家的意志，进而转变成为一种制度。

也因为非物质文化遗产文化认同的特性，构成了一个族群最鲜明的文化特征。当一个地方或族群处在强势文化的包围中，面临着母体文化衰亡的强大压力时，他们出于延续族群文化基因的强烈愿望，反而会倍加珍惜自己的文化，以文化上的自尊自强来对抗外界的压力。而非物质文化遗产以人为载体，所以一个民族即使没有了建筑等物质遗产，但只要人存在，就可以传承非物质文化遗产，就得以使他们固有的文化基因保持延续。他们会努力地通过践行本族群的各种非物质文化遗产来保持族群的特性，所以重压下也不会琉璃易碎彩云飞，而是百转千回，颠扑不破。

(三) 与生俱来的天性

当一种非遗已经成为一个人的文化基因，几乎就是其与生俱来的天性，比如能歌善舞于很多民族的成员就是天性。一个人自出生到形成基本世界观的阶段，都生活在其原生的文化环境中，这种基因就具有了稳定基因的特点，传承就成为其自然而然的行为。

在城市化与全球化迅速推进的时代，人口的流动性不断加大，文化的交流程度也不断加大，文化基因也在与其他文化进行互动交流，也存在着被传承者自行抛弃的可能。但如果是一种稳定的基因，就会直接地影响到其对外界文化的态度，他们习惯性地以本体文化去进行文化的交流，其在选择接受外来文化时，也会尽可能选择与其固有文化基因相近或相适应的文化。一些文化基因即使被传承者阶段性抛弃，转而选择其他文化，但当其他文化的弱点或排异性显现，传承者就会重新认识其自身的文化基因，从而更为坚定地传承其原有的文化，经历了二次或多重选择后的非物质文化遗产，其传承就会更加稳定。当下中国很多传统文化的再次兴起，如唐装、旗袍、茶文化等，对很多中国人而言，就是传承者的再次选择。

二、族群或国家文化认同的需要

族群、国家都是由个体组成的，因此个体的需求构成非遗保护的最基本动力。但必须注意的是，个体传承非遗往往是从自身的需求出发，并且更关注眼前的，缺乏全局和长远的视野。而且个体力量有限，无法调动各种社会资源进行全局性和可持续的保护。因此，当某项非物质文化遗产已经失去其满足传承个体需求的功能，但具有悠久的历史，曾经与百姓的日常生活密切相关，或者具有深厚而多元的文化内涵，曾经是一个民族或国家的文化象征，也是一个民族的整体记忆，其所承载的历史见证价值和文化基因价值是不能够以现实功能来衡量的，就需要以国家意志去加以保存。当非物质文化遗产的整体存续状况面临着外来文化的巨大冲击，而有被取代或变异的危机，进而影响到整个民族或国家的文化走向，影响到国民或族人的整体文化气质，其传承具有对民族或国家文化传承的全局意义，以国家意志通过行政手段保护就会成为众多国家的首要选择。而当各种非物质文化遗产因其传承者的短视而被抛弃，其固有的价值无法在现代得到更好的实现，或者被外来文化拿去进行改造加工，成为一种文化资源，进而转化成为现代文化产业的资本，以国家或政府的行为来实施保护就成为最有力的实施途径，政府会通过各种政策去引导个体团体将其转化为文化资产。当一些非物质文化遗产被某些人或利益集团在传播和利用时，出于利益而随意加以改造甚至篡改，严重扭曲了这种非物质文化遗产，随之而影响到国家或族群的整体声誉时，就需要政府来制定法律加以约束。

第二节　非物质文化遗产存续的要素

非物质文化遗产的存续条件都是将非物质文化遗产放在前工业时代的语境中去做叙述的。即非物质文化遗产还未成为"非遗"，还在其原生的环境中。即使在叙述到非物质文化遗产的衰微时，也还是以其未受到现代化冲击的时间维度作为参照物，去进行阐释的。

当下的非物质文化遗产，存续的基本条件是与前工业化时代相同的，如传承者始终是最基本最重要的内在条件，而受众则是最重要的外在条件。但是在新的时代，传承者和受众本身也发生了改变。而与之前时代最大的不同在于，非遗处于一个各种存续条件都已经发生改变的时代，其原有的存续规律能够充分发挥作用的空间被大大地压缩，而不得不需要借助外界干预性的保护措施才能够使其存续下去。外界的干预性保护措施成为影响非遗存续的重要力量。另外一个不同则在于，在原有的环境已经消失或变化的背景下，非物质文化遗产要想存续下去，就必须主动地适应新的环境，根据环境变化而改变原有的功能、表现形式和功能实现的途径等，这些就成为非遗保护的努力方向。

在现代社会中，非物质文化遗产的存续条件主要有：

一、人

作为活态传承的遗产，人是非物质文化遗产保护最基本也最核心的要素。而在现代社会中，参与非物质文化遗产保护的人可以分为以下几类，他们中有些是以个体形式存在的人，有些则是由人组成的团体机构组织。

（一）传承者

传承者分为个体、团体和群体三种形式。传承者是各种非物质文化遗产的生产者、表现者，是非物质文化遗产的载体，也是非物质文化遗产能否传承的根本性要素。没有了传承者，非物质文化遗产就宣告终结消亡。

（二）受众

受众是非物质文化遗产的使用者、欣赏者。在传统社会中，诸多民间表演艺术类的非物质文化遗产，如民歌、舞蹈、武术，是自娱自乐的，很多民间手工艺是自给自足的，这类自给自足的非物质文化遗产的传承者和受众是合而为一的。但是在商业社会中，受众大多数是与传承者相对的消费者，他们构成了大部分非物质文化遗产在商业社会存续的最重要外在动力——市场。

（三）经营者、传播者

在传统社会中，由于主导经济是自给自足的自然经济，非物质文化遗产主要是为自己或熟人社会服务的，非物质文化遗产的产品和服务（娱乐）流通性并不充分，经营者往往也是传承者，如手工艺人自己生产自己销售，剧社戏班在演出时自行招揽生意。在传统社会中，专职的经营者很少，专职从事传播的人员和机构则更少。在商品经济日益发达的传统社会后期，坐贾行商等专职经营非遗产品的机构人员逐渐增多，但主要集中于大宗手工产品的收购贩卖，而且也主要集中于少数大城市。

而在现代的商业社会中，非物质文化遗产原有的生存环境发生改变，要想生存，就需要扩大经营与传播的渠道，以获得受众或市场。因此经营者和传播者也成为非物质文化遗产保护的人员条件之一。

（四）研究者、记录者

在传统社会中，被记录和研究的非物质文化遗产主要集中在两个领域：一是少数为统治者和社会精英所享有的文化。如在中国古代，古琴这一文人艺术，就有不少琴谱和琴论存世。二是实用性很强的农耕技艺、手工艺和医学养生方法等。如中国古代一直不断有医药典籍问世，如《黄帝内经》《本草纲目》等，也有《齐民要术》《农政全书》这样的农学书籍，还有《天工开物》这样的手工艺大全，明代文震亨写作了与手工艺密切相关的《长物志》。但这两类以外的绝大部分非物质文化遗产是不被记录，更不被研究的。也正因为记录和研究的缺乏，使得众多非物质文化遗产无声无息地消失了，也使得一些濒临消失的非物质文化遗产恢复或抢救难上加难。所以在众多非物质文化遗产即将退出历史舞台的背景下，记录保存和研究就显得尤为重要。所以记录研究者也成为参与保护工作的必要人员之一。

（五）管理者

管理者主要是各级政府及相关政府机构的人员，他们主要进行非物质文化遗产保护的顶层制度设计和执行，在非物质文化遗产的保护中更多地实现保存民族国家文化基因的政府职能。在非遗的保护中，管理者最需要做的，并非直接参与具体的保护工作，而是通过制定各种法律法规，以资金、荣誉命名及各种激励政策为杠杆，去撬动更多的社会资源参与非物质文化遗产的保护。同时也通过建立各类制度，约束社会力量参与保护工作中的各种损害性行为，如过度商业化、扭曲非遗文化内涵等。政府主要的职能就是通过运用政府公信力和各类公共资源，构筑非物质文化遗产保护的良性运作体系。尽管就非物质文化遗产目前存续条件而言，必须依赖政府的力量，但政府不能因此而取代传承者和其他力量成为保护主体。

二、功能发挥的场所与空间

非物质文化遗产的活动场所是指相对固定和封闭的建筑物，空间则具有开放的移动的特点，一般呈线状或环状。非物质文化遗产以人的行为活动来体现，所以其活动场所与空间也都围绕着人而展开。比如与手工艺相关的场所有作坊、店铺，空间有集市、原料产地等。表演类的非物质文化遗产的场所有排练场、戏台、剧院，空间则是演出人员或演出机构活动的区域，某一个剧团基本就在其所在县域范围内活动，这个县域就是其活动空间。无论是何种非物质文化遗产，都需要有一定的场所和空间进行相关的活动。在传统社会中，各种非物质文化遗产都根据项目的表现特点、传承者的构成和受众的需求，而形成其特有的活动场所和空间。这些场所和空间，最重要的是实现（即生产和表现）和交换两大功能，前者是指非物质文化遗产的传承者通过生产和表演、应用知识、实践礼仪、举行民俗活动等行为实现非物质文化遗产本身，后者是传承者与受众之间通过买卖、观看表演、使用产品或服务等互动行为，而实现了非遗的功能与价值。这些场所和空间的形成往往是从生产和交换的便利性出发而形成的，其主体就是传承者和使用者。在传统社会中，手工艺最主要的场所就是手工作坊、店铺和集市，很多时候作坊和店铺合而为一。在一些地方，出于原料供应和销售上的便利而形成了专业的村镇、街巷。比如吴江历史上蚕桑丝织业发达，就出现了以养蚕为主的震泽和以丝织为主的盛泽两个专业小镇；盛产蜀锦的成都有织锦业集中的街区——锦里。

与农业时代相比，当下非物质文化遗产基本的活动场所和空间的功能仍然是实现和交换，但是增加了展示（传播）、教育这两个功能的场所或空间，出现了非物质文化遗产的专题博物馆、展览馆或陈列馆和各类专业学校、传习机构。前者是现代博物馆发展的结果，后者则是现代社会化教育的成果。而在非物质文化遗产已经式微的背景下，展示成为遗产的非物质文化遗产本身，就具有保存文化记忆的作用。社会化教育也打破了非物质文化遗产原有的传承模式，并在很多领域成为主要的传承方式。

在商业化的背景下，从产业集聚角度政府或一些商业组织会建立产业园、产业一条街、交易市场等，将非物质文化遗产的生产经营者加以集中，从而使之成为具有集聚效应的非遗存续场所或空间。

以上这三种新的场所和空间，其主体不再一定是非物质文化遗产的传承者和受众，而是其他力量从自身的需求出发建立或形成的。当然这些场所和空间仍然需要传承者和受众的参与，其中展示和集聚空间的主导目的是将参观者变成为受众（市场主体）。但是，传承者和受众都不再一定是主动的参与，或者决定者。所以这些空间的预期功能能否发挥主要在于能否吸引足够的受众，或者对受众产生足够的影响。

三、资金

资金在任何时代，对非物质文化遗产的存续都是非常重要的。在传统社会中，非物质文化遗产的存续所需的物质条件，大部分依赖其传承者自身的努力，而极少会有外界的无偿支持。即使是少数为宫廷服务的非物质文化遗产，其传承者也是靠技艺来获得赏识进而获得皇家的支持，这种支持也仍然是一种报酬。

但是在以国家意志进行保护的情况下，非物质文化遗产存续所需的资金，多了一个政府给付的渠道。资金成为激励非物质文化遗产保护的重要手段。21世纪初正式启动非物质文化遗产保护工程的中国，都设立有非物质文化遗产保护的政府资金或基金。这些资金主要流向扶持、奖励两大方面。虽然各国各地扶持和奖励的内容和对象不完全相同，但相同的是资金受益者最主要的就是传承者。

在商业社会中资金是最有现实意义的惠利，因此资金也是撬动社会力量参与保护工作的主要杠杆，因此对资金的使用，更需要谨慎和规范的管理。如何使之发挥其应有的作用，则需要更多的智慧。

四、法律政策

在前工业时代，为了捍卫等级制度，维护贵族皇家的特权，统治者会制定相应的礼法制度，规定社会各阶层在衣食住行及礼仪方面的规范。在中国古代，有着完备甚至烦琐的礼乐舆服制度，各阶层的人都不可以随便逾越。除了这些以外，没有什么政权会制定法律来维护或者保护我们今天所说的非物质文化遗产，尤其是平民阶层的文化。统治阶层对平民文化的态度一般是只要不危及当权者的权益和名誉，就任由其自生自灭。所以在前工业时代，国家的管理者和统治者对民间文化罕有保护之举，却偶有压制之行。

所以将对非物质文化遗产的保护上升为国家意志，以国家或政府名义出台法律法规进行保护，基本就是20世纪之后的事情了。在法治的社会中，通过制定各种法律来确立非物质文化遗产保护的正当性和合法性以及合理性，成为政府推动非物质文化遗产保护的最基本手段，也从宏观角度对保护起到引领作用。而制定各种保护政策，则可以发挥现代政府配置相应社会资源的作用，从更为具体的举措上来推进保护。值得注意的是，尽管在现代社会各种法律和政策是社会运作的规则，尤其是对非物质文化遗产这样已经处于边缘化的文化其保护如果要可持续，必须要有相应的法律和政策作为支撑，但制定法律和政策却必须遵循社会运作的规律。规则要适应规律，所以政府出台各种法律和政策，必须遵循非物质文化遗产的存续规律。同时，尽管政府作用不可取代，但对保护成败起决定作用的是由传承者和受众之间构成的供需关系。在现代社会中，大多数情况下这种供需关系就是市场关系。即使在非物质文化遗产的保护中，市场也仍然是各种保护资源的最佳配置平台。而在保护实施的过程中，各种社会力量介入的类型越多、介入的程度越深，非物质文化遗产就越有活力，保护也就越有可持续性。各种社会力量介入保护工作的动机各不相同，但获得利益或荣誉却是基本的诉求。这也导致参与保护的各种力量会出于各种目的，而在参与过程中加入自身的诉求，影响非遗的传承发展的路径或走向。其中难免会出现对非遗过度开发或歪曲利用等不良倾向，所以在鼓励社会力量参与非遗保护的过程中，也必须遏制各种不当行为对非遗传承可能造成的危害。

因此，法律和政策的制定需要遵循两个重要的原则：一是遵循非物质文化遗产的存续规律，有所为、也必须有所不为，政府与各种社会力量参与保护的程度与内容要适度，不能取代传承者这一保护主体；二是充分发挥法律政策的引导作用和资源配置作用，充分引导各种社会力量参与保护，并且确保供需关系在非遗保护中的良性作用，但对各种过度开发的商业行为要加以约束。

五、良好的生态环境

非物质文化遗产保护的理想目标是什么？这是参与保护工作的人都要思考的问题。大部分人的回答，其实很简单，就是让非物质文化遗产摆脱衰微命运，传承不绝。而怎么才能够传承不绝，最理想的就是非物质文化遗产一直都有一个良好的生态环境，犹如植物置身于适宜的空气、土壤、温度、水分条件中才可以不断地生长。非物质文化遗产原有的生态环境已经发生了改变，有的在恶化，有的已经消失了。如果要实现非物质文化遗产保护的终极目标，就需要保护非物质文化遗产的生态环境。

非物质文化遗产的生态环境是诸多因素的综合作用，包括了自然环境、人文环境、传承人群、受众等条件，这些条件在非物质文化遗产存续的决定程度上不一定是均等的。其中，最为决定性的是传承人群与受众之间所构成的供需关系，但并不是说其他条件就是不重要的或者是可以被忽略的。每个构成要素都有其存在的意义，它们之间是一种互相影响的链状关系。就这些条件的种类来说，越充分越有利于非物质文化遗产的存续。某一个地方一种手工艺的兴盛，其最初的条件可能主要是原料优势，而后由于做的人多了，于是有了人力优势，人力优势逐渐就会转化成为技艺优势，而后成为产品优势，而后在商业交换中，成为产地优势，吸引更多的消费者，建立起稳定的供需关系，而后这种供需关系反过来促进了这一手工艺在该地的兴盛。江南一带自然环境适于蚕桑业，而后直接产生了发达的丝织业，而运河等交通要道又推动了丝织品的流通，蚕桑业由此在前工业时代成为江南重要的农业，丝织业成为重要的手工业。丝织业的兴盛，产生了大量的丝织艺人，于是丝织技艺就一直领先于中国。而蚕桑丝织业兴盛，又直接产生了与之相关的民歌、民谣、民俗、民间歌舞。比如云锦织造时，产生了方便织造艺人互相协作配合的歌谣，后来就发展为南京特有的民间曲艺——白局。在盛产蚕丝的震泽，蚕农在养蚕期间，曾经有着一系列完整的蚕桑习俗。在一年中最为重要的春蚕季结束后，恰逢小满前后，养蚕人就会聚集于供奉蚕神的庙前，观看戏剧，庆祝丰收，这一习俗被称为小满戏。江南的自然环境、蚕桑业、丝织业、民歌、戏剧、民俗之间，组成了一个紧密关联的链状关系，而促成它们之间关联的就是这些非物质文化遗产的传承者和受众之间的交换关系。

当下中国，各种非遗中，大部分民歌的存续都面临着消失的危险，根本原因就在于传统农耕生产方式的解体或消失。民间文学和民歌原有的生态环境的核心基础就是农耕生产。在农业时代，民歌就是底层劳动者自娱自乐的主要形式。民歌也可以提高生产效率，比如各类号子，产生于插秧、拉网、夯土、伐木等劳作中，很重要的功能就是为了在集体劳动时有助于动作协调一致，提高劳动效率。在风气自由的地方和民族中，民歌是传承者展示自身才艺的重要途径，还是青年男女恋爱的媒介之一，所以人人自小就要学习民歌。每一个地方特有的自然环境和人文环境都给当地民歌打上了深深的地域烙印。蒙古草原上诞生了长调，贵州大山中诞生了侗族大歌，而青藏高原的高远则赋予藏族嘹亮高亢的歌声。在农业时代，民歌的传承者和受众是合而为一的，传承者自出生之时，就生活在歌声的世界里，在耳濡目染之间就自然而然地学会并且运用于各种场合。由于民歌的盛行，而产生了花儿会等各类歌会，也有了歌圩这样的物质空间，在三月三、瑟宾节等各种民俗活动里，也就有了赛歌、盘歌的内容。这些元素互相交错，构成了民歌的生态环境。当传统的农耕生产逐渐消失，新的娱乐方式不断涌入，民歌的生态环境就随之而逐渐改变，歌手、听众或老去，歌会停止或减少，歌圩废弃，民歌渐渐沉寂于原来的山野之间。

年画这一非物质文化遗产，其最重要的生态环境就是春节这一习俗，春节构成了受众对年画的最大需求。而中国传统的审美取向、吉祥图案、雕刻技法等，构成了年画的艺术风格和表现方法。民间传说、戏剧故事等，构成了年画的素材。各地不同的物产、人文背景、风俗，又构成了年画的地方特色，如天津杨柳青、苏州桃花坞、山东杨家埠、河南朱仙镇等。进入工业时代后，春节这一习俗继续存在，但年画出现了更多的替代品，如机器印刷年画、明星照片、月份牌等。加之审美观念的改变，人们对传统年画的需求不断减少，年画就整体衰微了，由于受众减少，年画产品少人问津，艺人难以维生，逐渐就放弃年画生产，年轻人看到前景黯淡，也不再学习。于是，传承者越来越少，这种情况延续到一定时间，即使有人想买年画，也无人做年画了。而春节，由于缺少年画这一文化现象，也失去了一些特有的内容。对于年画的流布地方而言，它们在地方传统文化的生态中也失去了年画这一鲜明的文化特色，就像一个植物园少了一种特有的植物。

伴随着农业文明的整体退缩，各类根植于农业文明的非物质文化遗产，原有的文化生态也在发生改变。城市化和全球化，加速了这种改变的过程。尽管这个过程，在各个地方的速度和程度是不一致的，但是却很少有非物质文化遗产能够免于波及，超然于外。改变的结果有三种：一是原有的生态环境消失；二是原有的生态环境组成要素适应新的变化而重组，构成了新的生态环境；三是原有的要素之间的链接方式被破坏，生态环境呈现碎片化、孤岛化的趋势。第一种情况出现，意味着与之相关的非物质文化遗产的消亡或濒临消亡。第二种情况表明非物质文化遗产适应了新的变化，而能够存续下去。对于存续至今的非物质文化遗产而言，大部分面临或将要面临的是第三种情况，它们如果免于消亡，就需要努力去维持原有的空间，或者不断改变以适应不断改变的生态环境。

所以我们保护非物质文化遗产的终极目标就是为非物质文化遗产营建一个良好的生态环境。如果非物质文化遗产的原有生态环境尚且良好，应努力去维护这种环境，避免其恶化。如果非物质文化遗产的生态环境发生改变，但大部分相关生态要素还继续存在，尤其是传承者和受众之间的相互依存和相互需求关系依然存在，或者仍然稳定，其生态环境的整体状态也仍然是相对良好的，生态环境修复或者再建的成本较低，或者保护的成效较为容易取得，保护的重点就在于恢复或重建相关要素之间的关联，修复或重建一个生态系统。而如果生态环境发生根本的改变，要素之间也无法再建立原有的联系，那就意味着非物质文化遗产生态环境重建的可能性很低。或者重建的成本过高，且无法可持续，那就意味着非物质文化遗产的消失已经难以避免，保护就只能以保存记录为主了。

与前工业时代不同，在现代社会中，非物质文化遗产被定义为一种需要保护的文化事项。而且由于现代社会结构的组成方式与传统社会不同，非物质文化遗产的存续出现新的条件要素，它们与其原有的要素结合，一起构成了现代社会非物质文化遗产存续的条件，并且相互作用，形成了新的生态环境。很多在现代社会存续较好的非遗，就在于其适应了新的生态环境，并成为这个环境中的一个构成要素。

非物质文化遗产的保护主体涉及三个层级——个体、团体（群体）和政府，其中团体主要是以市场为导向的企业，但也包括非营利的公益性社会组织。从主体介入传承的深度上看，依次是传承者（包括传播者）、使用者和政府。在现代社会中，人与人的关系越来越多是通过商业行为而产生联系的。传承者大部分情况下就是非遗的生产者和创造者，是保护工作的核心主体，也是最活跃的因素。使用者则是顾客和购买者，决定了非遗保护的走向，是非遗保护的外部因素，传承者必须与使用者积极互动，才能够获得市场、获得存续的空间。但在与商业无关的非遗领域，传承者也就是使用者。在市场经济下，市场是社会资源的最主要也是最有效的调动力量。政府作为各种社会资源的调动者和保护力量的动员者，更多的是通过政策等杠杆去撬动社会资源，并使之优化，并且在市场失灵的领域发挥作用。但有时候政府、市场和社会力量之间经常是错位的，或者是互相替代的。

非物质文化遗产在现代社会的存续的条件和状态，使得当今非物质文化遗产的保护，核心就是各种参与保护的力量，从不同的角度和需求出发，通过各种举措和方法，使作为农业文明遗产的非物质文化遗产能够适应现代社会需求，在现代社会找到最恰当的功能发挥途径，得以存续下去。

第三节　非物质文化遗产存续的趋势与危机

非物质文化遗产作为一种活态文化，必须依赖人的传承，所以传承者是非物质文化遗产存续的文化生态的决定性因素。传承者之所以传承非物质文化遗产，其动力就在于所传承的非物质文化遗产满足自身的物质与精神需要。所以满足传承者的物质与精神需要是非物质文化遗产存续的核心功能，也是最基本的功能，如果非物质文化遗产失去这一功能，就失去最根本的动力，即使外界再加干预，也无法实现保护的目的。

所以非物质文化遗产能否在当下及未来存续以及存续的状况如何，取决于非物质文化遗产对其传承者的物质和精神需要的满足程度。也可以说，取决于非物质文化遗产对其传承者物质和精神生活的影响程度。

一、非物质文化遗产存续的四种趋势

从非物质文化遗产对其传承者影响的角度，存续现状和趋势可以分为四种：

第一，存续条件失去或改变，原有的功能无法发挥，消失或将要消失。

当社会生产生活的方式发生根本性的改变，依托其存在的各种非物质文化遗产就会失去发挥其应有功能的生态环境，无法满足其原有传承者的物质与精神需要，对原有传承者的影响力逐渐消失，随之也就被传承者遗弃。

在工业化基本实现的背景下，传统的农耕（畜牧）技术和手工艺，如传统的农具制作；植根于农耕劳作的民间表演艺术如田歌；民俗，如农业神信仰及庙会，大部分都会消失或即将消失，即使有存在，也是零星的。这种消失是历史发展的必然，也在很大程度上说是一种社会的进步。

第二，作为一个民族或国家最核心的文化表现形式或特征，伴随这个民族而继续存在。

当一种非物质文化遗产具有悠久的历史，深厚的积淀，已经成为一个地区一个族群最核心最稳定的文化表现形式或特征，就会超越一般意义上的实用功能，如同遗传基因一样渗透到一个地区一个族群的日常生活和风俗信仰中，并且在现代社会中，仍然能够发挥其原有的功能，或者具有一定的变通性，这一非遗就会继续地传承下去。

第三，改变功能或服务对象，得以存续，但失去主导地位。

作为一种技艺或知识的非物质文化遗产，对已经掌握的传承者而言，其掌握的过程往往投入了一定的时间和精力甚至金钱，所以从兑现成本的角度出发，他们会努力使技艺或知识为自己带来物质或精神的满足。即使非物质文化遗产的生态环境已经变化，生存已经非常艰难，他们会根据时代的变化，而主动地改变所传承非遗的功能或服务对象，使非遗获得新的受众，从而得以继续存在下去。在农耕时代，学会做铁农具的人，在农业机械化以后，继续打铁，但是不再为农民服务，而是为城市居民，做更小巧的园艺工具。一个曾经自己开店的裁缝，会去服装厂做工人。他们中技术更好的，而且还有一定的设计能力的，可以转而开定制服装店。在前工业时代，扇子是主要的纳凉工具，但是电风扇、空调出现后，扇子市场大为缩减，大部分艺人就只能转行。但是其中一些技艺精湛的艺人，转而做以欣赏为主的工艺扇，因为扇子精美，所以有人以要远高于实用扇的价格购买，这样这部分艺人就得以继续以制扇为生，制扇技艺也就得以继续传承。这些艺人之所以可以靠技艺为生并且获得尊严，在于他们积极地改变，找到了传统技艺和现代生活结合的途径。但他们在曾经从业的同行中只是少数，手工打铁、手工制衣、制扇这些行业整体还是衰微了，其曾经的主导功能已经无法发挥，而是让位于现代的机器生产，他们只能以功能改变和少量传承的方式存在下去。

第四，几近消失但在恢复或复兴中。

非物质文化遗产与物质遗产最大的不同，在于其是以人来传承的，而人对非物质文化遗产的认识，往往决定其对非物质文化遗产的取舍。所以当导致人的认识改变的因素出现时，曾经坚信不疑的就可能会被否定，导致放弃传承。科学知识的增长，曾经的迷信就会被抛弃，与之相关的生产生活方式也就改变。当社会开放程度提高，不断有人走出原有的生活环境，接触不同的文化，为适应新的环境，他们中的大部分人就会改变原有的生活方式和认识。以上这些都是传承者主动的放弃。但是当这种认识上升为民族意识或国家意志时，就会演变为主流的社会舆论，表现在行为上，有时候甚至会发展为一种政府推动的政治运动或民间自发的集体社会运动，对传统文化进行整体的否定或打压。在这种情况下，往往是作为个体的传承者即使不认同这种集体意识或行动，也无力改变，因而被动地与主流意识和行动不相违背了。

但是当传承者重新认识到被放弃的非物质文化遗产的价值，社会主流重新认识传统文化的整体价值和意义，那些曾经被否定被摒弃的非物质文化遗产就会被传承者恢复，或者以国家力量或群体力量去复兴。这之中首先被恢复的就是民俗活动，比如与个人相关的祝寿、成年礼、婚礼，与群体相关的节庆、庙会、歌会等。部分技艺、知识也会恢复。有些与文化认同和文化自信相关的非遗，也会得到恢复。在各种正式的场合中，唐装、汉服和各少数民族的传统服饰，都开始成为礼仪服饰，与之相关的各种技艺和礼仪也恢复或兴盛起来。比如唐装汉服相关的传统服饰制作、首饰制作，少数民族的刺绣、银饰制作等。随着文化认同意识和文化自信的提高，一些正在消失的方言、民族语言、地方歌舞也都在恢复中。

以上四种发展趋势，也可以更为简略地概括为两种：一种是无法存续，必将消亡的；另外一种就是可以存续下去的。

二、非物质文化遗产面临的三大危机

在现代社会，由于非物质文化遗产生态环境整体发生变化，即使那些有存续可能的非物质文化遗产，无论其现状是兴盛或衰微，都面临着三种危机，那就是后继乏人、文化内涵衰减和存续空间缩减。

（一）后继乏人

后继乏人是指项目的传承者和受众都在减少。其中传承者不仅在数量上减少，对所传承的技艺或知识的掌握程度也在降低。所以在各种有关非物质文化遗产的现状报道中，经常看到现在做的都是老人，中青年人都不肯做不肯学了。

（二）文化内涵衰减

文化内涵衰减是指非物质文化遗产原本的文化内涵无论从内容的丰富程度、特色的鲜明程度还是技艺的应用难度都在衰减。很多非物质文化遗产在变得面目模糊，或者呈现给受众的只是简单的表演或者粗糙的作品。很多传统的戏剧，完整的全本演出日益减少，折子戏、片段演出成为主导演出方式。一些传统的手工艺长年售卖同样的产品，很少有创新或个性化的产品。剪纸、刺绣、瓷器这些全国性的传统手艺，各地的面目和产品越来越雷同。民俗活动越来越商业化，节日的内容也越来越单调，原有的文化内容不断减少。中国最重要的节日——春节，很多原有的内容消失。贴春联这一节日现象虽然存在，但也没有了原有的趣味。曾经的春联是手写的，是书法艺术应用的重要场合，是一个家庭文化素养的体现，也是读书人书法作诗等才艺的体现，但现在的春联绝大部分是机器印刷的，春联的内容大同小异。

（三）存续空间缩减

大部分非物质文化遗产与其所生长的农耕时代相比，在生产生活和精神生活中的重要性都在不断降低，其原有的生态环境不是在消失，就是在弱化。很多非物质文化遗产即使现在免于消亡的命运，也需要面对存续空间不断缩减的现实和未来。众多地方戏剧，其活动空间本来就很有限，在当下的社会背景下就更为狭小。无论在物质生产领域，还是在提供精神消费的文化产品行业，面对各种工业化替代产品的竞争，非物质文化遗产都是只有招架之力，而罕有还手之功。所以对大部分非物质文化遗产而言，如何拥有一定的受众，避免存续空间的不断缩减，是能否存续下去的关键。

对不同的项目而言，这三种危机的表现程度不同。有些项目可能尚有一定的受众和存续空间，但是却因为学艺成本高昂或工作环境恶劣，而导致后继乏人。有些项目尽管现在还有足够数量的传承者，但是却由于新的科技出现，存续空间急剧减少，传承者面临失业，由于前景黯淡，直接导致项目传承无人问津。而有些项目，存续空间尚且保持，而且也有一定数量的传承者，但是却商业化严重，原有的文化内涵丧失殆尽。尽管现在看似繁荣，但是任其发展，就会导致其在商业价值丧失后被市场迅速抛弃，繁荣景象只是昙花一现。如各种在景区表演化的民俗，已经越来越为游客所厌弃。所以这三个危机之间是互相关联的，其中任何一个出现，都会导致另外两个逐渐显现。对一个项目而言，这三种危机也不一定会同时出现，有些是显性的，有些是隐性的。例如某些手工艺项目，在一个地方有着深厚的传统，形成了数量相对庞大的传承者，而且传承者的技艺也丰富多样，原有的文化内涵还在不断丰富，并且市场需求稳定，所以三个危机都似乎不存在。但是仔细分析就会发现，大部分传承者的年龄都已经在50岁以上，30岁以下的从业者数量在总量中的比例极少，这表明这一非物质文化遗产在10年后就会面临严重的后继乏人的危机。而这种现象在全国的很多尚且繁荣的传统手工艺中都有存在。

与迅速成长的现代科技和现代产业不同，非物质文化遗产的传承是一个相对缓慢的过程，而导致非物质文化遗产衰微的工业文明，却是高速发展的，所以其对非物质文化遗产及其生态环境的破坏力是迅速而强大的。这决定了保护非物质文化遗产，要尽早进行尽快开展，但同时又要审慎对待，因为不当的保护会加速非物质文化遗产的衰亡。分析非物质文化遗产的存续趋势和面临的危机，来确定保护的核心内容、方向和具体方式，是实施各种具体保护举措的前提。

第四节　非物质文化遗产保护的内容与方式

非物质文化遗产之所以需要保护，是因为其无法完全靠自身的力量存续下去，必须加以外界的干预。就如同病人需要医生医治，治病的目的是为了让病人痊愈，增强自身的抵抗力，外界干预非遗保护的目的，是为了增强非物质文化遗产自身的存续能力。但是不是所有的病症都能够治愈，而不能治愈的就只有尊重自然规律，让其有尊严地离去。对那些无法存续下去的非物质文化遗产而言，只能将其作为一种文化记忆和文化基因，进行完整的资料收集记录的保存工作了。所以保护的内容和方式，根据非物质文化遗产的两大趋势而分为两大类型：一种是治疗型的保护，另一种是消失前的保存。

治疗型的保护，也分为针对危重病症的抢救和一般病症的保护。抢救从时间上是紧迫的，而从保护资源的投入上说也必须是优先的，并且规模较大的。无论是抢救还是常规性的保护，其目的都是为了增强非物质文化遗产自身的传承存续能力。当然不是所有的抢救，都一定能够奏效，如果不能就只能采取保存的方式了。抢救有两种结果，恢复活力或无效消亡。但无论何种结果，保存都是其首要的工作。

无论抢救性的还是常规化的治疗型的保护，都要根据非遗项目自身的传承特点、发展趋势和面临的危机，优化非物质文化遗产已经具备的存续条件，完善齐备其他要素，通过各种举措，使这些要素条件活跃起来相互协调，共同发挥相应的功能，从而增强所保护非遗项目的活力，并由此而保持、优化或重建非物质文化遗产存续的生态环境。

而从存续条件的重要性来说，首要条件就是传承者。所以保护的重点也是核心，就是使非物质文化遗产确保有其传承者，并且使传承者保持传承的积极性，不断丰富其所传承的非物质文化遗产的文化内涵。所以传承是保护的核心工作，在现代社会中很多非物质文化遗产的传承纳入社会化教育体系，所以教育也成为传承的重要途径。而驱动传承者保护的外在动力就是受众。传承者与受众之间的互动程度决定了非物质文化遗产的存续现状与趋势。因此保护的核心内容就围绕着为传承者与受众之间建立起稳定的互动关系而展开。

在高度商业化的现代社会中，非物质文化遗产的受众，尤其是那些提供产品（物质和精神）和服务的非物质文化遗产项目，如手工艺、艺术表演、医药等，其最为活跃的受众是通过市场建立起联系的消费者。赢得消费者获得市场，就为这类非物质文化遗产传承保护获得了发展动力。所以充分利用非物质文化遗产的生产能力，使之继续在社会生产和生活中发挥作用，就成为这类非物质文化遗产保护的主要方式。

除了消费者之外，受众还包括爱好者、欣赏者，在现代社会这类受众除去耳濡目染的原生环境的影响外，还可以通过传播、教育、培训和参与性的活动来获得。所以传播、培训、教育、各种鼓励社会大众参与的公共文化活动也成为保护的重要途径之一。

因此，非物质文化遗产的保护，从类型上包括保存与保护两大类；从实施的主要内容看，包括保存、抢救、传承、教育、传播、培训、利用、社群公共活动、保护整体生态环境等多种方式。

第三章 非物质文化遗产的保护方法体系论

21世纪初，非物质文化遗产保护实践和理论研究刚起步的时候，国内学界容易混淆保护原则、方法和效能之间的理论界限，经常出现把一般方法甚至是具体工作方法上升到原则，或把一些保护效果或效能性的描述上升为原则和方法的立论。比如常见的"整体性""传承性""本真性""系统性"等保护"原则"的提法，实际是指一种方法或一种工具理性意义上的"小原则"，而"动态性""活态性""可持续性""可解读性"等则是对保护效果或效能的一种评价描述，它和原则、方法是有本质区别的。另外，有些则纯粹是指具体工作方法，比如"立法保护""国际合作""保护优先""抢救第一""保护与利用并举""宣传教育"等提法。当然，有些原则和方法并不好截然区分，比如"整体性"保护方法和生态性保护原则在内涵上就有高度重合的地方，二者都强调整体关系的平衡，反对碎片化的保护方式。因此，出现这种相混的情况也很正常，现实影响也不是很大。但如果是保护原则、方法和要求（效能）相互关系发生严重错位的话，在保护实践中就会有一些负面效果，因此联合国教科文组织制定的《保护非物质文化遗产伦理原则》强调"本真性和排外性不应构成保护非物质文化遗产的问题和障碍"，这说明了有些东西确实不应该被当作"原则"，也说明了我们在保护实践中确实存在着本末倒置，将保护方法、效能当作保护原则的这一事实。

而要处理好这个问题，需要我们对整个非物质文化遗产保护方法进行体系性的建构。因此根据非物质文化遗产保护方法的理论和实践开始构建"三位一体"（"生活性保护""生产性保护"和"生态性保护"）、以确保非物质文化遗产存续力为核心的非物质文化遗产保护方法体系。

正是因为有着丰富的"三位一体"保护方法实践和经验，为我们形成一个新的保护方法论体系提供了基础，时至今日，这一方法体系论已经基本完成。

第一节 "三位一体"保护方法理论

"生活性保护""生产性保护"和"生态性保护"的理论起源都可以追溯到2006

年前后。2006 年，著名学者陈勤建[①]在《保护非物质文化遗产要防止文化碎片式的保护性撕裂》一文中提出了"我们要从民众生活出发，坚持生活相、生活场、生活流立场观念和方法"。虽然作者是从生活性保护的角度谈保护方法，没有明确提出"生活性保护""生产性保护"和"生态性保护"的概念和定义，但却概括出了"生活性保护""生产性保护"和"生态性保护"的基本理念，因此笔者认为这是最早的"三位一体"保护方法理论的整体性表述。

陈勤建文章中提出的坚持"生活相""生活流"的保护方法指的就是"生活性保护"。他说："所谓'生活相'，就是生活的样子或样式。非物质文化遗产形式上有其独特的形态，但是就其本质而言，它不是孤立地存在，而是一种生存于生活中，不脱离生活的'生活文化'，一种文化型的'生活相'或生活模式。如端午、中秋、春节等中国非物质文化遗产的传统节日，本身又是我们生活的特殊样式。所以非物质文化遗产保护在现实社会中，不应束之于高阁，藏之于深闺。非物质文化遗产的保护，首先要立足并恢复它生活样式的本色。"关于"生活流"，他说："非物质文化遗产既是一种'活世态'代代相续的生活样式，就要从现实社会状态出发，恢复和保持其赖以生存的基础——生活流。非物质文化遗产保持可以采取动态的生活化开放式的保护方式，在居民现实生活流中自然流溢。即使是馆藏的形式，也不应排除其生活化的再现，给人以直接的参与和体验。让创造和传承非物质文化遗产的主体核心的原住民，在保持现存社会的生活流中，得到真正的保护。"

陈勤建还提到了"生产性保护"，他要求"关注生产技艺秘诀类非物质文化遗产的保护"。他说，"就非物质文化遗产的文化空间而言，既有精细复杂的艺术形式，也包括久远传承的生产生活层面的艺术技巧。它的存在、延续和发展，维系着人类社会生生不息。人类生存技艺智慧，是文化遗产生活场空间的重要内涵，是相比艺术更为重要的人类遗产，值得注意的是，我们对后者的认识和保护显然是不够。日本对非物质文化遗产早有自己的见解。他们将非物质文化遗产分为两类：有极高艺术和历史价值的传统表现艺术（如音乐、舞蹈、戏剧等）和传统工艺技能（如陶瓷、染织，漆器艺术、金属加工等工艺美术等）。其中的第二类也可称为非物质民俗文化遗产，包括人们日常衣食住、职业、信仰、节庆和民俗表演艺术等内容。在国际已有的非物质文化遗产名录上，我们发现有多项技艺性的遗产"，"对技艺性文化遗产的保护，关键要尊重对民间自发性传承方式，要全力挖掘现存生活中尚存的传承和传承人。对非物质文化遗产技艺技能持有的艺人进行调查、登记，明确需要保护的对象。国家从优先原则给这些艺人发特别补助金，以保持并提高他们的技能，要求其每年展示技艺，使之得到

---

① 陈勤建，现任中国民俗学会副理事长、华东师范大学终身教授、文艺学、文艺民俗学博士生导师（另兼民俗学硕导）、华东师大中文学科学位分委会副主席、教育部重点研究所——华东师大中国现当代思想文化研究所研究员、国家非物质文化遗产保护工作委员会委员、中国民俗学会副理事长兼中国城镇民俗专业委员会主任、上海市民间文艺家协会副主席。

利用。并要求他们进行技艺的传授，鼓励他们多招收徒弟，传习于后代。在学校的课程中加入传统艺术和技能的内容，使年轻人认识到对其保护是国粹的延伸和弘扬。政府鼓励团体拥有某项技艺，使该项非物质文化遗产具有一定的延续性"。

陈勤建的"生态性保护"思想体现在他的反碎片化的整体性"原则"和坚持"生活场"的观念。陈勤建要求坚持物质文化遗产保护的"生活场"观念，他指出，"场"的本义是指物理学中物质存在的两种基本形态"互相依存，互相作用于整个空间"。作者借以说明非物质文化遗产保护，要兼顾文化遗产生活场的整个空间。陈勤建的"整体性""生态场"保护观念，其实就是"生态性"保护观念，它强调将非物质文化遗产作为一个整体加以保护，反对碎片化；又强调注重非物质文化遗产与外部环境和关系问题，注重保护非物质文化遗产"原生环境"的问题。虽然陈勤建和其他早期"生态性保护"论者一样，只关注非物质文化遗产的"外生态"，并不研究和关注非物质文化遗产内部之间的文化生态平衡关系（"内生态"）问题，存在着一定的局限性，但其"生态性保护"理念是非常明确的。

第二节　生活性保护

非遗文化"日用而不觉"。在我国，作为术语的"生活性保护"一词出现得较晚，这一概念首先出现在历史文化街区保护理论和实践中，2012年以后才在非物质文化遗产保护方法的理论探讨中出现。或者是"生活性保护"理念适应了发展形势，抑或是"形势比人强"的原因，"生活性保护"理念很快深入人心。

一、"生活性保护"的含义

文化和生活的源流关系，虽然复杂，但研究界都非常熟悉和清楚。非物质文化遗产本身就是传统的生活方式和生产方式，因此，非物质文化遗产学科刚兴起的时候，许多学者都会谈论非物质文化遗产和生活的关系。比如，针对博物馆化的非物质文化遗产保护方式、"开发性破坏"、现代生活对传统文化的冲击、传统文化空间的快速消失等，许多学者都从维护非物质文化遗产"恒定性""活态性""传承性"的角度，提出了保护非物质文化遗产要走与现实生活、现代生活相结合的观念。甚至在引介国外保护非物质文化遗产实践情况的时候，也非常重视这方面的经验。由于这些观点针对的都是具体问题，因此欠缺方法论上的意义。

但在关于"生活性保护"内涵的阐述中，由于是从"现代性"角度（最终推动传统文化向现代文化的历史转换与变迁），甚至是从文化安全观的角度来谈论"保护非物质文化遗产"的，回到了保护非物质文化遗产实践刚起步阶段时的民族本位、文化本位、现代性本位的立场，并没有将"生活性保护"完全置于保护非物质文化遗产方法论体系下，疏离了非物质文化遗产这一价值本位。从对非物质文化遗产安全观的形成与发展，对非物质文化遗产作为"文化基因"的衍生性价值的体认；对传统社会形态中非物质文化遗产与人们之间在行为层面和心理层面的双重"共生"关系的认识，以及对现有非物质文化遗产保护体系的局限性反思，促使我们提出以"生活性保护"作为非物质文化遗产保护的重要战略性原则。对非物质文化遗产的"生活性保护"，本质上是要在推动传统文化生活样式的传承、延续乃至创新的同时，寻求民族国家现代文化发展的精神内核，要在文化意义的生产层面推动传统向现代的转型与变迁。这不仅是构建社会公众在非物质文化遗产保护"社会性参与"机制方面的重要举措，更是华夏民族对待自身文化的一种积极态度与价值追求。可以说，"生活性保护"的内涵构建的是一种价值论和知识论，而不是一种方法论。从传统文化如何向现代文化转化的角度谈论"生产性保护"，体现了更强烈的远离非物质文化遗产的倾向：（"生活性保护"）它不是简单地对"生产性保护"的补充与完善，而是保护理念的根本性提升，从主要关注非物质文化遗产存续发展的行为、技艺的物理层面，向关注非物质文化遗产作为文化符号和人们生活之间的意义关联层面进行转变。

作为价值论的"生活性保护"和作为以发展非物质文化遗产存续力为核心的方法论上的"生活性保护"和"生产性保护"并不是一个逻辑层面的事情，二者发生了理论错位。

作为活态文化的非物质文化遗产应该是保护的重点，而采取生活性保护则是科学有效的方式。非物质文化遗产是传承至今的传统生活方式与生产方式，必然要在生产与生活中保护，离开了生产与生活的实践它就会消亡。非物质文化遗产的生活性保护，不是要民众简单地回到过去的生活状态中去，而是要在动态延续发展中，在与民众生活的不断调适中，方能形成非物质文化遗产与人们生活新的融通关系。进行非物质文化遗产生活性保护，应当重视几个方面：第一，坚持以人为本，注重整体性保护，是进行生活性保护应秉承的原则；第二，重视非物质文化遗产在乡村与社区的保护，是实现生活性保护的有效方式；第三，坚持保护中发展和发展中保护，是实现生活性保护的根本举措。

二、"生活性保护"与"生产性保护"的关系

"生活性保护"概念提出来的时候，学界对于保护方法或保护方式（其实内涵上"方法"大于"方式"，但我国学界对此并不完全予以区分）已经有几个很普遍的提法，比如抢救性保护、生产性保护、整体性保护。我们把"整体性保护"等同于生态性保护，而"抢救性保护"因为没有方法论上的意义，我们并没有过多的关注。

应该说，"生活性保护"理念提出之初就和已有的各种提法存在一定的张力关系。"生活性保护"是针对已有的各种保护方法提法的一种补充或者升级版，因此二者存在着一定的对立关系或者让渡关系。

由此，可以将以上观点区分为三种"生活性保护"。一种是"现代性"观点，其态度是将非物质文化遗产转化为现代文化；二是让"残留物"回归"日常生活"，强调活态传承非物质文化遗产；三是理想主义和经典主义立场的"生活性保护"，期望非物质文化遗产成为一种实现地方认同、对抗资本逻辑的诗意的生活方式。

第三节　生产性保护

在抢救与保护非物质文化遗产实践中，我国政府和各级非物质文化遗产保护机构初步探索出一些具有中国特色、成效显著的保护方式方法，其中"生产性保护""文化生态保护（试验）区"这两种保护方法备受关注，被普遍认为是具有鲜明中国特色、原创性和世界意义的非物质文化遗产保护方法，也是取得最丰富、最显著实践和理论成果的最重要的两种保护方法，被称为是当代"中国经验"之一。

非物质文化遗产生产性保护是指在具有生产性质的实践过程中，以保持非物质文化遗产的真实性、整体性和传承性为核心，以有效传承非物质文化遗产技艺为前提，借助生产、流通、销售等手段，将非物质文化遗产及其资源转化为文化产品的保护方式。目前，这一保护方式主要在传统技艺、传统美术和传统医药药物炮制类非物质文化遗产领域实施。

一、"生产性保护"概念、理念和制度的形成

理念的形成一般先于概念的提出。从 2001 年人类口述和非物质遗产代表作名录评比产生深远影响开始，经过 2003 年国际社会通过《保护非物质文化遗产国际公约》，再到 2005 年 3 月国务院办公厅颁发《关于加强我国非物质文化遗产保护工作的意见》确立"保护为主，抢救第一，合理利用，传承发展"的非物质文化遗产保护工作方针，我国政府、各级非物质文化遗产保护机构和学界对如何促进非物质文化遗产的传承和发展，有了初步的实践经验和理论认识。

在这个基础上，2006 年，王文章[①]在其主编的《非物质文化遗产概论》绪论中首次提出了"生产性方式保护"的概念。该书归纳了非物质文化遗产保护的几种基本方式，其中一种即为"转化为经济效益和经济资源，以生产性方式保护"，并指出：对那些非物质文化遗产中的工艺性、技艺性项目，进行产生经济效益的生产性保护，如剪纸、年画、风筝、鼻烟壶等项目的开发，就可成为提供就业机会和产生经济效益的生产行业，就会给项目保护带来可持续性的长远发展。此书虽然没有提出明确的"生产

---

① 王文章，1951 年生，山东寿光人。1969 年 12 月参加工作，1971 年 8 月入党。山东大学中文系毕业，中共中央党校经济管理专业在职研究生学历。

性保护"的定义,但却概括出了非物质文化遗产"生产性保护"的基本理念。2007年,学者吕品田[①]在云锦保护论坛上做了《呵护经典——从云锦看非物质文化遗产生产性方式保护》的发言。他的这一发言与"重振手工,激活民俗"的观点得到广泛的认可。此后,"生产性保护"这个概念开始流行。

2012年2月2日,文化部非物质文化遗产司发布了《文化部关于加强非物质文化遗产生产性保护的指导意见》,提出了非物质文化遗产"生产性保护"的意义、方针、原则,以及如何科学地进行生产性保护的指导意见。此文件明确定义"生产性保护":非物质文化遗产生产性保护是指在具有生产性质的实践过程中,以保持非物质文化遗产的真实性、整体性和传承性为核心,以有效传承非物质文化遗产技艺为前提,借助生产、流通、销售等手段,将非物质文化遗产及其资源转化为文化产品的保护方式。目前,这一保护方式主要是在传统技艺、传统美术和传统医药药物炮制类非物质文化遗产领域实施。文件明确了生产性保护的适用对象并高度肯定了"生产性保护的"意义。在有效保护和传承的前提下,加强传统技艺、传统美术和传统医药药物炮制类非物质文化遗代表性项目的生产性保护,符合非物质文化遗产传承发展的特定规律,有利于增强非物质文化遗产自身活力,推动非物质文化遗产保护更紧密地融入人们的生产生活;有利于提高非物质文化遗产传承人的传承积极性,培养更多后继人才,为非物质文化遗产保护奠定持久、深厚的基础;有利于继承弘扬优秀传统文化,推动优秀传统文化繁荣发展,满足人民群众的精神文化需求;有利于促进文化消费、扩大就业,促进非物质文化遗产保护与改善民生相结合,推动区域经济、社会全面协调可持续发展。此文件的颁布和实施,不仅阐释了非物质文化遗产"生产性保护"的一些理论问题(比如概念的定义),而且明确了实施"生产性保护"的适用对象、应该做什么和怎样做等具体要求。这为"生产性保护"提供了制度化、机制化的保障。至此,非物质文化遗产的"生产性保护"的理论和制度建设基本建构完成。

二、关于"生产性保护"的争议

在我国非物质文化遗产中,技艺性非物质文化遗产占有极大比重,而其中又绝大多数的项目适合通过"生产性保护"的方式保证其存续力。因此倡导非物质文化遗产的"生产性保护"有其合理性。

生产性保护的本质是生产性传承,"生产性"只是一种形式,"保护"和"传承"才是目的。但伴随着"生产性保护"概念、理念和制度形成的背后是十多年的理论争论。由于"生产性"这个概念本身蕴含着经济属性(即非文化属性),容易使人们对"生产性保护"产生非遗保护商品化、产业化、机械化、旅游化等的担忧,对"生产性保护"泛化(无差别地扩大到全部非物质文化遗产类别)的担忧,对"保护"和"开

---

① 吕品田,中国艺术研究院研究员、博士生导师;中国艺术研究院原常务副院长兼研究生院院长。

发"关系必然会产生矛盾冲突的担忧。因此，在非物质文化遗产学界，形成了正面支持和倡议生产性保护的声音，也形成了一些质疑和疑问的声音。

三、"生产性保护"和非遗文化品牌有着紧密联系

我国有着重视技艺的悠久历史和传统。据史料载，我国从西周开始就形成了一套完整的"百工"管理、教育制度。《荀子》王制云："论百工，审时事，辨功苦，尚完利，便备用，使雕琢文采不敢专造于家，工师之事也。"可见，百工属"工师"掌管。工师"陈祭器，案度程"，要求百工所造器物必"物勒工名"，以资考核或追究责任。这一制度贯穿整个中国古代工匠造作的历史，成为督促工匠努力习艺、精益求精的重要机制。到了春期末前，"百工"制度有了进一步发展，不仅出现了《考工记》这样的工艺官书，也出现了以手工业者为核心的集市和贸易，手工业者进一步民间化、贸易化，所以《论语·子张》说："百工居肆，以成其事。"这个时期的文献对"百工"（包括部分技艺术）教育传承的问题有了详细描述，如《礼记·学记》称："良冶之子，必学为裘。良弓之子，必学为箕。"《国语·齐语》称："少而习焉……是故其父兄之教不肃而成，其子弟之学不劳而能。"除了家庭教育之外，还有同业交流。春秋时期齐国经过有组织的行政手段，让手工业者同业聚居，百工间"相语以事，相学以巧，相陈以功"，彼此交流工艺技巧经验和发展艺术教育，这在中国古代美术教育史上有重要意义。到了秦汉，"百工"方面，虽然春秋战国时期官方的"百工"基本上成为了自由的手工艺者，但官作和私作都是同时存在的，否则秦代诸多浩大的工程根本不可能完成。秦汉时代延续了先秦对工官工师的严格要求。云梦秦简《秦律》"均工"要求工师的一个主要职能是"工师善教之"，并制定了严格的考核标准："新工初工事，一岁半功，其后岁赋功与故等。工师善教之，故工一岁而成，新工两岁而成。能先期成学者谒上，上且有以赏之。盈期不成学者，籍书而上内史。"官作和私作传统为汉以后各个朝代所延续并发展壮大。经过两千多年的发展，我国古代社会的许多技艺已经消亡，也有许多技艺逐渐成为了我们今天（尤其是"传统的手工艺技能"类）的非物质文化遗产。

由于手工技艺的实用性，加上古代贸易发达，因此最早也是在这类"非物质文化遗产"中发展出了文化品牌。比如汉代铜镜制造技艺，除了官作"尚方"品牌之外，私作（家庭作坊）也有了很大的发展，如西汉晚期铜镜遗物上会出现"朱氏明镜快人意""杜氏作镜服四夷"等一类铭文。"朱氏""杜氏"等，既为民作铜镜制造者姓氏，也是一种文化品牌。这可能就是最早的"百年品牌""老字号"了。到了明代末期，江浙资本主义萌芽，物质生产非常丰富，品牌现象就更为普遍。明末清初文学家、山阴（绍兴）人张岱在《陶庵梦忆·助工》中就记载了大量的手工艺品牌：嘉兴黄师傅手作的锡壶，南京濮仲谦的竹雕，马勋和荷叶李的扇子，陆子冈的玉雕，赵良璧的梳子，赵士元的夹纱等。他甚至还为这些技艺和品牌的价值辩护："竹与漆与铜与窑，贱

工也。嘉兴之腊竹，王二之漆竹，苏州姜华雨之箫箓竹，嘉兴洪漆之漆，张铜之铜，徽州吴明官之窑，皆以竹与漆与铜与窑名家起家，而其人且与缙绅先生列坐抗礼焉。则天下何物不足以贵人，特人自贱之耳。"

可以说，非物质文化遗产和文化品牌之间是存在着一种历史的、天然的紧密关系的。因此说，在非物质文化遗产保护和生产性保护中，重视建设文化品牌和品牌文化是有其必然性和合理性的。

四、生产性保护的目的在"保护"，核心在"技艺"而不在产品

在既有实践中，生产性保护理论有个无形的习惯，就是喜欢从产品角度倒推哪些非遗项目适合生产性保护，而忽略了"生产"本身的可保护性和必要性，比如地方性知识、农业遗产项目和一些特殊的生产技艺（比如"官式古建筑营造技艺"）。也就是说，恰恰忽略了非遗项目的非物质性。因此实践中，生产性保护对于一些不便于物化的但属于"生产性保护"范围的非遗项目也就无能为力。生产性保护还有一种情况是"技艺"和产品相分离，比如一些被当作商品销售的传统或民族民间乐器，由于弹拨这些乐器的技艺并不会附着在产品实物上，因此这种非遗项目的生产性保护对于该非遗项目的存续力传承也就没有任何意义。因此说，生产性保护的目的在保护、在传承，核心在技艺而不在产品。

第四节 生态性保护

所谓生态性保护，就是以生态科学观、生态哲学观、生态伦理观为基础，按照生态文化和文化生态的原则、思维方式、要求和标准开展非遗保护工作。

一、生态文化与文化生态的关系

早在非遗运动开始之前，生态文化学和文化生态学界对于"文化生态"和"生态文化"概念的辨析就已经有许多研究，虽然我国非遗学界较早就引入了生态文化和文化生态理论研究非遗文化，但一直没有严格区分"生态文化"和"文化生态"之间的理论界限。

关于"生态文化"，可以做广义和狭义两种区分。广义的生态文化指的就是一种价值观或者是一种文明观，是指以生态价值观念、生态理论方法为指导形成的生态物质文化、生态精神文化、生态行为文化的总称，在这个意义上，生态文化等同于生态文明的概念。狭义的生态文化是以人与生态为核心的一种文化现象，甚至可以简化理解为关于生态的一种文化，"生态文化的对象指向于生态"，因此这一文化的科学性比较强。

同理，"文化生态"也有广义和狭义两种区分。广义的文化生态则是把"文化"（一种小文化的概念）作为主体，研究文化与外部环境（自然环境、社会环境、思想环境）的生态关系以及文化内部不同系统之间的生态关系；狭义的文化生态则研究文化内部同一系统内部的生态关系，比如非遗文化内部项目之间的生态关系。

这样，非遗文化就出现了四种意义上的生态性：广义的生态文化（即生态文明意义上的非遗文化）、狭义的生态文化（主要指非遗文化与自然生态的关系）、广义的文化生态（非遗文化与其他文化之间的关系）、狭义的文化生态（非遗文化内部的生态系统）。

二、非遗学界重视狭义的生态文化和广义的文化生态研究

作为借用生态学理论与方法研究文化的"文化生态学"，成为了我国学术界研究的热点之一。

由于深受美国人类学家朱立安·斯图尔德（Julian Steward）文化生态学理论的影响，经过多年的研究，我国"关于文化生态的研究，大致可以分为侧重解释文化变迁的生态学研究和把文化类比为生态整体的文化研究。前者把文化置于生态之中，侧重研究文化演变与生态的其他部分的关系；后者把文化类比为生态一样的整体，虽然也顾及文化与自然环境的关系，但是侧重于研究文化与社会的关系"①。从这个归纳来看，"文化生态学"一直是将文化作为一个整体，研究文化与外部或者与整个生态系统中其他部分的关系问题，或者研究的是不同类型文化之间关系的平衡问题。"具体说来，文化生态学是一门以环境与文化双向、互动影响为研究对象，进而阐释文化特征和文化规律的科学。"② 因此，这个研究范式进入非物质文化遗产保护理论研究领域的时候，也就自然存在着重点研究非物质文化遗产与整个生态系统（包括经济社会和自然环境）的关系，重点研究非物质文化遗产与其他文化的关系，比如文化多样性、传统文化与现代文化、中国文化与外来文化，一个文化与其所处地区的自然环境以及价值观念、社会制度、道德伦理、科学技术、经济体制形式等因素的综合联系和彼此作用等问题，而较少研究非物质文化遗产系统内部的文化生态问题。

在这里将这种注重外部关系的研究范式称为"外生态"文化生态学研究模式，在这个基础上，将重视一个文化系统内部生态平衡的研究范式称为"内生态"文化生态学研究范式。非物质文化遗产的文化生态学研究，应该是内外生态兼顾的研究。

话说回来，中国人有个传统的思维模式就是整体性思维，因此在非物质文化遗产保护原则和方法理论中，"整体性"都出现过，并且都具有很重要的地位。整体性是个

---

① 高丙中：《关于文化生态失衡与文化生态建设的思考》，《云南师范大学学报（哲学社会科学版）》2012年第1期。

② 孙诗尧：《"文化生态与非物质文化遗产保护"学术研讨会综述》，《贵州民族学院学报（哲学社会科学版）》2012年第1期。

形式上的要求，在概念定名上存在着一定的缺陷，因此建议用"生态原则"和"生态性保护"方法的概念，来代替非物质文化遗产保护理论和保护方法中的整体性原则和方法。这主要是因为：生态思维本身也是一个整体性思维，同时还是一个系统性思维；相比整体性思维，生态思维还强调重视生态系统内外部之间关系的平衡；与此同时，整体性思维相对有点保守性和被动性，缺乏积极作为，而生态思维又服膺于生态文明建设的需求，具有建设性、主动性；此外，文化生态保护理念在保护非物质文化遗产的理论和实践中早已存在，且产生了很好的效果和影响，取得了很大的成就。因此，建议以"生态原则"和"生态性保护"，来代替在学界已经习惯了的整体性保护原则和保护方法的提法。

当然，在针对一些问题和强调思维方式时，"整体性"保护原则和方法的提法还是有其优势的，因此倡导"生态（性）"保护原则和方法，并不是要取消"整体性"保护原则和方法，二者并不矛盾。相反，整体性原则往往是生态性保护原则和方法的工作目标。对非物质文化遗产代表性项目集中、特色鲜明、形式和内涵保持完整的特定区域，当地文化主管部门可以制订专项保护规划，报经本级人民政府批准后，实行区域性整体保护。确定对非物质文化遗产实行区域性整体保护，应当尊重当地居民的意愿，并保护属于非物质文化遗产组成部分的实物和场所，避免遭受破坏，实行区域性整体保护涉及非物质文化遗产集中的村镇或者街区空间规划的，应当由当地城乡规划主管部门依据相关法规制订专项保护规划。因此说，生态性与整体性保护原则和方法二者是统一的。

三、生态性（化）保护理论的形成和发展

文化生态保护区是我国探索科学保护非物质文化遗产的一个创举。文化生态保护区理论的基础是生态文化理论和文化生态学理论。早在保护非物质文化遗产起步之初，就有学者认为非物质文化遗产具有生态性特征；此外，非物质文化遗产中蕴含的"地方性知识"也涉及许多生态文化、生态知识的问题。因此，"生态性"或"生态化"保护方法很快受到理论界的重视，学者和业界开始倡导非物质文化遗产的"生态性（化）"保护方式方法，包括理论研究、学术会议和学术综述等，取得了丰硕的理论成果。

就世界范围和我国以往取得的经验来看，民族民间文化亦即非物质文化遗产保护工作的对象，主要是施之于那些对人类生存、对社会进步、对文化提升、对科学进步有价值的，或用一句古训来说，即有益于世道人心的那些民间文化，而保护方式不外乎抢救性保护和生态性保护。"生态性保护"的定义是：所谓生态性保护，主要是指那些如今还呈现为"活"态的、富有生命力的民间文化形态和项目。如在农历固定时间举行的、与特定民间信仰相联系的庙会、歌会、节庆，某些地区特有的民间音乐、民间舞蹈、民间绘画，以及知名的故事村、民歌村、绘画村等，要采用适当的措施，使

其能够持续发展延续下去。对已经发现的某些著名的传承人，如故事家、各类艺术家、史诗演唱家等，要加以保护和扶植，使其技艺、演唱继续发挥，并后继有人，使群体"记忆"不至于失传。由此我们也可以看出，这里的"生态性保护"有着很强的、非遗学科早期"原生态"理论的痕迹，和生态文化或者文化生态视野下的"生态性保护"还是有差别的。

生态化保护的概念：对非物质文化遗产应进行生态化保护，保护非物质文化遗产与保护生态环境、推进生态文化建设相辅相成。从"原生态"概念讨论开始，提出了"本生态""衍生态"和"生态系统"的概念，对生态问题的理解会影响到人们对非物质文化遗产保护原则和方法的选择，在非物质文化遗产保护上多数学者认同生态保护原则。

四、生态性保护的基本要求

"生态"在本质上是指"关系"，是一种上升到伦理高度的关系。国内学界在非物质文化遗产学创立之初，都是从"外生态"角度，即把非物质文化遗产当作一种弱势文化，重点研究非物质文化遗产与各种文化环境和非文化环境的关系，相对较少从"内生态"角度——非物质文化遗产内部生态关系——研究非物质文化遗产生态保护的问题。

首先，要建立一个生态文明观。我们知道，"文化"是个大概念，"文明"是指"文化"中的精华部分，要从新的社会发展形态和人类文明形态的角度来理解"生态文明"。生态文明是人类文明发展的一个新的阶段，即工业文明之后的文明形态；生态文明是人类遵循人、自然、社会和谐发展这一客观规律而取得的物质与精神成果的总和。我们理解的非物质文化遗产首先是属于广义的"生态文化"，因此整体上它和其他文化一样，都要符合上位文化态文化（文明）的要求，这就是我们说的保护非物质文化遗产的生态原则。在这个原则和理论下，一些明显与生态文明要求（实质就是发展原则）相冲突的非物质文化遗产就需要进行自我调整和改变。目前，这方面的问题比较突出。因此，不能因为强调本真性、原生态而拒绝改变，否则就会使得非物质文化遗产在发展这个问题上失去合理性。

其次，要研究和处理好非物质文化遗产与整个生态文化的关系。这里的生态文化主要指狭义的生态文化，也就是和自然生态有关的文化。因为很大一部分比重的非物质文化遗产涉及地方性知识、文化空间、物质生产和消费的问题，这个问题和自然资源（动植物和矿物资源）、环境有着紧密的联系。《考工记》总序中提出："天有时，地有气，材有美，工有巧，合此四者，然后可以为良。"因此，非物质文化遗产的保护要考虑自然承载能力和环境是否友好的问题。而作为"日常生活"的非物质文化遗产，本来就是特定社区、群体和个人的日常之需，只能满足少数人群和小范围社区的有限需求。因此，在长久的历史过程中，它和自然环境达到了某种动态平衡关系。如果我们的保护工作（包括非物质文化遗产的旅游开发和备受赞誉的"生产性保护"）超出了这个限度，扩大了社会需求，造成了自然资源的过度消耗和环境的污染，从而引发社会矛盾或其他问题，那么这种保护工作和生态文明的要求、发展原则都是相悖的，这种保护之路肯定也不能长久，非物质文化遗产的存续力也就无从谈起。

再次，要处理好非物质文化遗产与文化生态的关系，也就是非物质文化遗产与整个文化系统的关系问题。文化是人创造的，但这个创造不是随心所欲的，要受到特定自然环境、社会空间、历史条件的制约。因此，文化被认为是人与自然协调的产物，是一定社会空间的产物，是历史发展的产物。所以文化也具有了地域的、民族的、历史的特性。除了研究非物质文化遗产与其所处地域的自然环境的关系（即狭义的生态文化），还要研究非物质文化遗产与其他文化的关系，比如文化多样性、传统文化与现代文化、中国文化与外来文化，以及价值观念、社会制度、道德伦理、科学技术、经济体制形式等因素的综合联系和彼此作用等问题。非物质文化遗产要与整个文化生态系统、与这个系统中不同的文化因素维持协调性和共生性。

最后，要处理好非物质文化遗产内部的生态平衡问题。文化内部不同层次、不同结构之间存在着有机的整体联系，表现为相互制约、动态平衡的关系。非物质文化遗产内部本身就不是铁板一块，它存在着层次、结构、地域、种类、存续力、生命力、价值、意义、传承主体、文化空间、濒危程度等方面的多样性、差异性和不平衡性。非物质文化遗产保护事实上又造成了新的多样性、差异性和不平衡性，有的甚至已经改变了不同种类和相同种类非物质文化遗产项目之间的生态平衡性，造成了新的话语强权或者性质迁移。造成这种不平衡性的原因，有多种。许多极具人民性的非物质文化遗产，却在保护事业中逐渐脱离民众和生活，这不能不说有违非遗保护的初衷。有的是制度性的原因，比如前面提到的从国际到县一级的五级名录制度，客观后果是造成了"高低不等的名录地位"，突出了一些非物质文化遗产的内容和样式，而忽视了另一些非物质文化遗产的内容和样式。有的是非遗项目本身的原因，在所有非物质文化遗产项目中，手工技艺类项目因为适宜生产性保护，一般都得到了很好的保护和传承，但也出现了个别市场化、资本化运作非常成功的非遗项目，这类项目占有全国市场，从而出现了赢者通吃这样的现象，让同类项目无法生存，走上没落。这在品牌学上属于"单一品牌趋向"。同一项目非遗传承人之间也有这个情况：有的传承人善于与政府、媒体、专家、市场打交道，因此名气很大，成为非遗"新贵"，而有的则默默无闻。又比如，在五类非遗项目中，保护工作也缺乏平衡性：相比节庆活动和传统手工艺受到政府和市场的青睐，口头传统和表现形式、表演艺术（除了几个大戏种）的保护工作成效就不是很明显。还有地域上的不平衡，一些偏远地区的非物质文化遗产保护工作就相对落后于城市或者东部地区。另外，整体而言，集体性项目的保护和传承效果往往不如个体性、家族性非遗项目。

总之，生态性保护就是指非物质文化遗产保护要遵循建设生态文明的要求，在维护文化权利和适应可持续发展要求的前提下，处理好和自然生态的关系，也要处理好与其他文化之间的生态协调关系，还要处理好非物质文化遗产内部相同项目和不同项目之间的生态平衡关系。

第五节　非遗保护新时代的方法体系论

为了研究的需要，非遗学界通常需要给非遗保护进程进行"断代"。比如从民族民间文化研究的角度，将非遗开始后的民族民间文化保护研究称为"名录时代"。这是一种宏观的划分。具体到非遗保护的进程，有不同的说法，但主要是将非遗保护分为前后两个时期。其中影响比较大的是"'后申遗'时代"。

"后申遗"时期的显著标志是从盲目追求申报名录转向更加严肃认真地评估其科学性和有效性，特征是有序、深度、发展。"后申遗"并非时间尺度，更准确地说是对我国非物质文化遗产系列工作的一种阶段性认识。"后申遗"时期并非意味着非遗普查和申报工作已经终止，事实上还有大量后续工作等待开展。经过前一阶段的申遗热之后，应当在吸取已有经验教训的基础上更加合理地安排以后的普查、申报和保护工作。对于那些在申遗成功，下步工作还未就绪之前就进行无序利用，致使保护成果遭到破坏，保护权益遭受掠夺，以致申遗成功、遗产消亡的现象，应该适时引入预警机制，让保护意识和行动前置，能够在一定程度上抑制盲目利用的行为，对"后申遗"时期的保护工作起到健康向上的推进和引导。相对于"申遗"时期的重点工作是非物质文化遗产项目的普查申报、宣传普及、价值研究，"后申遗"时期的工作重点是非物质文化遗产的科学保护。

无论是"后申遗时代"还是"非遗后时代"，对应于时代需要，学界建立了一个非物质文化遗产保护方法体系，那就是目前仍受到广泛认可的"抢救性保护、生产性保护、整体性保护"方法体系。这套保护方法体系发挥了重要作用，尤其是抢救性保护和生产性保护，取得了很大的成绩。

但随着保护实践的深入，原有保护方法体系需要重新评价。比如抢救性保护，这个任务基本完成；有的是出现了许多新问题，具体如去生活化、去语境化、去社区化或空间化（脱离特定人群和空间）、展示表演化、保护数字化和博物馆化、传承教育化（停留在学校教育这个层次）、文化空间空心化或者异质化（原住民流失外来人群进入）、商业商品化和产业化（以及园区化或者开发区化）、非遗项目同质化、对非遗项目的过度开发和不属于再创造的创新创意、一些保护项目具有生态破坏性（严重污染环境或者超出自然资源承载能力）、个别生存力很强的非遗项目严重威胁到同类非遗项目的生存、一些非遗项目丧失人民性、一些非遗传承人"贵族"化，等等。这些问题（尤其是继发性问题）的出现，说明了原有的保护原则和保护方法观念需要发生变化。

　　近年来，我国非遗保护事业同步进入了一个新时代，人民日益增长的美好生活需要和不平衡不充分的发展之间的矛盾成为了中国特色社会主义新时代社会的主要矛盾。同样的道理，要解决非遗保护事业上述不平衡不充分的问题，需要我们在总结经验和教训的基础上，提出新的非物质文化遗产保护方法体系，那就是"生活性保护、生产性保护和生态性保护"方法体系。这个新时代和新体系的最大特点，就是我们非遗保护理念和方法的视角应该进一步向内转。

第四章 非物质文化遗产传承人的保护

第一节 非物质文化遗产传承人

当前，非物质文化遗产传承人主要依据自发推广，以市场方式进行宣传和传承，传承环境较为严峻。非物质文化遗产行业多为生产有关精神和文化领域的产品，其生产成本非常高，且在我国居民生活中占据较小份额，并不受重视，导致非物质文化遗产从业者无法以此为生，该行业亦不能有快速发展的空间。

非物质文化遗产传承人作为具体的非物质文化遗产项目的掌握者，对其身份的认定将能实现民族记忆、民族优秀文化的延续与传播。不同历史时期的发展环境不相同，在进行非物质文化遗产保护工作过程中遇到的问题也发生着变化。随着非物质文化遗产保护工作进程的加快，因保护理念的失误常常造成严重的保护性破坏。同时，各级政府或者其他保护团体在非物质文化遗产保护过程中，常取代真正的传承人进行传承内容上的变换，导致非物质文化遗产受到了严重的外部损坏。从这一点来看，对非物质文化遗产传承人身份的认定就极其必要，同时需要各级政府和保护团体认识到传承人的意义，从而真正实现非物质文化遗产保护目的。

一、非物质文化遗产传承人身份认定的原因

我国近年来快速发展经济，在文化建设方面较为缓慢，只将非物质文化遗产传承人的保护归为非物质文化遗产名录体系建设制度的一部分。国家及民众的非物质文化遗产保护意识淡薄、相关保护制度不健全，造成了非物质文化遗产传承人遭遇困难的生活处境。目前，非物质文化遗产传承人出现了断层现象，非物质文化遗产继承力量薄弱，不能很好地延续具有代表性的民间文化。例如，民间工艺类非物质文化遗产因不具备较大的经济效益，在收取学徒时不能有较强的吸引力；传统的中医类技艺因科学技术的快速发展和西医的盛行，几乎淡出人们的视野。而新的一代人受到各方面因素的影响，只关注外面的世界，对原有的生活方式虽有保存并延续的构想，但因各种阻碍放弃了实现的机会，转而寻求外面的生活，或者对原有生活方式产生怀疑、厌恶的情绪，放弃追求传统技艺的延续与进步，这给非物质文化遗产的传承带来了巨大压力。因此，对非物质文化遗产传承人身份的认定十分必要。国家在对非物质文化遗产

传承人身份真正认定之后，要给予其一定的补助，并采取相应的保护措施，以推动非物质文化遗产行业的发展。

二、界定非物质文化遗产传承人身份

依据我国相关法律条文规定的非物质文化遗产传承人认定标准，界定非物质文化遗产传承人身份，明确非物质文化遗产保护对象，才能促进非物质文化遗产的流传。

国家政策法规并未明确认定标准，各级地方法规应针对各地非物质文化遗产的特殊性，结合实际情况，制定相关的传承人调查、认定项目与标准，并在实际操作中有效应用。例如，云南省地方法规确定调查对象后，先调查其个人基本资料，姓名、艺名、性别、地址、职业、信仰、受教育情况等，再调查其所传承的项目、技艺以及当地地方文化的关系，即该项目在文化社区、行业中的地位，搜集传承人的相关作品，了解所传承的项目的创新与发展状况，并将调查结果详细记录，从而借助调查结果对传承人有一个整体的认识。

在传承人方面则需配合相关政府或主管部门的调查工作，如实提供个人资料。非物质文化遗产种类多样，在对其进行身份认定时无法形成统一标准，这在一定程度上给非物质文化遗产带来了损失。对此，地方政府或主管部门进行传承人身份认定时需结合实际情况提出具体的认定标准，弥补规章制度的缺陷，进而完善非物质文化遗产传承人身份认定制度。而非物质文化遗产相关人也要自觉到政府及主管部门进行申报或者推荐，有效利用国家政策对非物质文化遗产的全面保护政策。在对传承人身份认定之后，还需将之公布于众，以便社会公众对其监督并检验传承人身份。

三、非物质文化遗产传承人身份认定的意义

非物质文化遗产传承人身份的认定具有重要的社会意义，一是表明非物质文化遗产受到了国家及社会各层的认可与接受，二是传承人身份的认定将会刺激相关感兴趣的人士加入非物质文化遗产的传承活动。近年来，我国对非物质文化遗产传承人采取了一系列的保护政策，这在国家文化战略领域是一种创举。传承二字在之前社会存在中处于相互分离的状态，在各大词语工具书中也未找到，而在《现代汉语词典》中只给出传授与继承的解释，说明传承、传承人等词语属于新兴词，但这并不代表传承人为新兴事物。传承人作为非物质文化遗产自然传承发展的主体和主要力量，极大地推动了民族文化的继承与发展进程。对非物质文化遗产传承人身份的认定，能增强传承人以及社会各层对非物质文化遗产保护的自觉性和积极性，有利于我国非物质文化遗产的完整以及传承人的发展。

非物质文化遗产传承进程中的关键在人，对其实施的保护政策离不开重视传承人的保护与发展。对非物质文化遗产传承人身份的认定，将在一定程度上改变传承人的生活状况，为其提供良好的生存环境以及传承环境，以便其能真实反映民间艺术的活

态特性，实现保护非物质文化遗产的真正目的。

四、调查认定

为保护和阻止非物质文化遗产传统中断，使其保持可持续发展，在对非物质文化遗产的传承人进行调查时，要弄清楚其传承谱系、传承路线（传承链）、所掌握和传承的内容或技艺以及对所传承的项目的创新与发展。

对传承人的调查，要事先选好对象，然后进行采访，对本人、同行、亲戚等进行多方面的调查，并记录和提供他们的代表作，甚至做口述史，把他们所掌握和传承的内容或技艺原原本本地用文字和绘图记录下来。调查的内容，包括传承人的基本资料（姓名、艺名、性别、地址、职业、信仰、受教育情况等）和其所传承的项目、技艺与当地地方文化或民族记忆的关系，以及他这个项目在村寨、社区群体、行业中的地位等。需要注意的是，对他所掌握的特殊技艺，要像考古工作者描述考古发掘的文物那样做出准确而又简明扼要的记录和表述。

五、对文化传承人的访查

传承人的调查，不仅要记录上述所列他的相关传承情况，还要记录（或描述）、搜集他的作品。21 世纪初进行的非物质文化普查是一次文化普查、一次文化资源普查。文化普查与人口普查不同。人口普查是要入户调查，获取人口数据和有关情况。非物质文化遗产的普查虽然不需要每一村每一户都入户调查，但不能只限于和不能满足于发现了多少传承人、多少作品，即不能只满足于数据的获取。数据对于国家文化主管部门、各省文化局、民保办公室来讲，固然是非常有用的，但是对非物质文化遗产来说，只有数据是远远不够的。对传承人的调查，要把传承谱系和传承线路弄清楚，把传承人的专业技能与创新点弄清楚，把他的作品记录下来，这样的数据资料才有可靠度，也才有价值。

非物质文化遗产传承人的认定，至少需要解决两个问题：一是认定的标准；二是认定的权限。这是开展传承人认定工作的前提。

非物质文化遗产千差万别，不同门类的文化遗产项目之间是很难量化的，这一个门类的一个传承人与另一个门类的另一个传承人之间几乎不存在可比性。但要认定传承人，总要有一定的、大体的标准，否则，这项工作就难以进行。至于传承人是否要分级，还需要进行专题的讨论。

在制定传承人的认定标准及对传承人进行认定时，会牵涉到他们所传承的非物质文化遗产的价值评估问题。一件玉雕、牙雕、漆雕类的作品，由于其材质、用工、技艺等因素，可能是价值连城的，而一张剪纸，经济价值也就是一元钱、两元钱。二者在资源价值上显然是不可比的。但从文化记忆的传承来看，又不能用资源价值作为衡量标准。文化本身含有人文意义上的价值和资源意义上的价值，这两个价值是不能完全等同的。一般来说，一个民间剪纸艺人的作品与一个玉雕艺人的作品，也许在工艺的简繁、难易和文化的内涵等方面有高下之分，但在人文意义、技艺的传承价值上是相等的，在一个国家或一个省市的非物质文化遗产的名录中应占有同等的地位。人们要有这样的认识：像杰出的科学家、作家为一个国家和一个时代的文化和科学的代表一样，一个杰出的传承人也是某一类非物质文化遗产或民族文化遗产的代表。故认定杰出传承人的工作绝对不能粗制滥造，标准和水平绝对不能降低，要防止商业化、庸俗化。

第二节　非物质文化遗产保护与传承人保护

一、保护传承人是保护"非遗"的关键

保护非物质文化传承人是保护非物质文化遗产的关键。非物质文化遗产传承人是传承着某一种技术或技艺的有突出能力的代表者，这种技术和技艺蕴含着世代相承的传统文化。

非物质文化遗产保护的重中之重在于其文化内容的延续，而延续的载体是人，因而对传承人的保护有利于非物质文化遗产的延续与发展。增强对非物质文化遗产代表性传承人的保护力度，是保护非物质文化遗产的首要前提。

非物质文化遗产传承人对历史、事件、技艺的口头表述要非常完整，这是他传承本族技艺所必须具备的首要能力。完整是一个重要概念，不是一部分或其中几个段落，而是全部。另外，还要求表述十分生动。生动表述或展示时往往表现在情感投入上。调动这种情感需要展示平台、知名度和观众的尊重。平台需要政府为传承人搭建，知名度需要媒体介绍和关注，尊重则来自前两方面的水到渠成。

传承人还要有对祖先文化非凡的继承能力。传承人表现出的文化继承能力首先在于他对祖先文化的一种继承精神和继承观念。也就是说，他要能完整而生动地表述、表现出祖先传承下来的文化的核心形态和内涵，也要有不同于祖先又继承、发展了祖先所创造的文化的延续性能力。

每一种文化的"核心性"都表现在这个传承人身上。看到了他，才能见到文化的"活"。对非物质文化遗产的保护与传承，最理想的境界就是这种"活态"传承。非物质文化遗产的真正濒危是由传承人的濒危而带来的。传承人传承着珍贵的文化遗产，一旦逝去，这种文化如果还没有被传承下去，就会永久失去这种珍贵的文化。可以借鉴国外的一些做法，让传承人在享受固定待遇的同时，承担必需的责任，带好徒弟，配合民俗学者形成文本，肩负起保护和传承优秀文化遗产的责任。

寻找非物质文化传承人一定要到文化发生地去。文化发生地可称为文化圈，代表

一种文化形态所形成的地域。保护传承人，最重要的就是使他们能够不脱离文化土壤。传承人所处的自然环境往往对物质发展的追求更迫切，因此传承人对保护"土壤"的建议总会看成与发展背道而驰。保护与发展的矛盾其实是因为没有意识到非物质文化遗产越来越重要的地位。事实上，有意识地创造优良的传承环境和保留真实而非虚构的文化空间，会在非物质文化遗产周围形成很好的商业资源。国家则需要对产生矛盾的地域进行行政拨款和补贴。

我们处在一个新文化不断地被创造、传统文化逐渐消失的历史时期，关于"传承人"这个特殊的文化保护者与传承者的诸多特征和形态的研究还处于起步阶段。许多发达国家都经历过在民众物质需要基本满足、精神需求高涨的时候找不回传统文化遗产的悔恨。因此，在对非物质文化的保护与发展中，世界各国都非常重视对传承人的研究和保护，这为我国全面开展本土文化的保护与发展带来了启示。振兴中华，不仅仅需要经济实力的增长，更包括文化上的复兴。保护"活"着的传承人，并不只是在保护"遗产"，也不只是在维护国家民族的文化厚度和尊严，更是为未来保护着一种必要的精神财富。

二、对传承人保护的责任分配

对非物质文化遗产的保护主体分为三类：第一是国家，第二是国际组织，第三是个人、群体和非政府组织。而针对我国国内的基本情况，保护主体主要包括政府和传承人，应该存在以下三类主体：第一是政府，第二是传承人，第三是专家。依此类推，对传承人的保护主体也可以分为以上三类。

由于保护主体的多样性，在非物质文化遗产的保护过程中，各个保护主体之间存在利益上的博弈，每个主体在博弈过程中都想使自身利益达到最大化。具体到对非物质文化遗产的保护，其中政府只想圆满地完成法律法规规定的或是上级政府委派的任务，使保护工作作为一项政绩得到上级政府的充分认可。作为博弈中的另一类主体——传承人，他们与政府在博弈中并不是对立的关系，但无疑是有影响的，政府在选择策略时不可能不考虑自己的选择对传承人的影响。传承人作为人，首先要生存，他们掌握、传承非物质文化遗产的直接目的是为了生存而不是为了保护非物质文化遗产，对非物质文化遗产的创新也是为了生存得更好。所以，只有在解决了传承人的根本生存问题以后，使他们在生活上没有了后顾之忧，传承人才能更好地保护非物质文化遗产。但是优越的生活环境可能使传承人丧失创新的动力，不思进取，从而使活的非物质文化遗产变成一成不变的"死文化"。

相对来说，专家在保护过程中的利益目的是最弱的，其着眼点多是文化研究，正是因为其利益目的的弱化，其在传承人认定中才具有较大的公正性。而专家的文化研究不仅可以为非物质文化遗产的传承和创新提供理论支持，还可以通过研究建立科学有效的机制，完善非物质文化遗产的保护体制。但法规的相关规定没有体现专家在非物质文化遗产保护中的作用，只是要建立"专家咨询机制"，专家委员会也只是对几种情况提出意见，对大专院校和高等院校的作用利用得不够充分，只是通过高校来培养相关人才。今后，在完善保护体制上，我们应该充分利用高校和专家的科研力量，为保护工作提供理论基础，同时与政府在实践当中的经验相结合，建立适合我国国情的保护体制。所以，专家委员会不能只是为相关事项提供建议，在传承人的认定中还应有决定权，并要在高校建立非物质文化遗产保护基地，充分利用高校的师生资源，这既可以培养相关人才和传承人，还可以为非物质文化遗产的保护提供文化保障。

目前，对非物质文化遗产的保护关键不是要不要保护、应不应该保护，而是如何保护。针对以上情况，对非物质文化遗产的保护应该通过法律法规建立一种激励体制，调动各个主体的积极性，促进对非物质文化遗产的保护。

对传承人的保护在时间段上可以分为认定过程中和认定后。在认定过程中，政府和专家要承担更多的责任。非物质文化遗产具有多样性，政府作为行政执法部门，不可能对非物质文化遗产所有项目都有全面的了解，在非物质文化遗产保护工作中政府的行为更多是为了完成任务或创造政绩，具有一定的被动性，而且在认定过程中很难确保中立和公正，所以调查、认定工作应由专家参加和完成。因为专家相对更清楚非物质文化遗产项目、行业的标准和规则，能够保证在评定过程中的专业性。传承人在被认定以后，就是非物质文化遗产保护的最主要的责任主体，要充分发挥自身的主动性，在政府牵头领导之下，履行个人的责任，积极地保护非物质文化遗产。

各地法规对非物质文化遗产保护工作中政府的职责规定较完善，但法规内容多以义务为主，激励内容较少，不能有效激起政府的兴趣和积极性，应该尽快建立激励体制，让政府从自身的利益、目的出发，去做这项工作。另外，在政府职责中，要加强对资金的管理。政府应该设立专项基金，并且将基金的捐赠渠道向社会公布，增加公众参与的渠道，使资金的来源和用处都有有效的监督，从而更好地利用基金保护非物质文化遗产及其传承人。

传承人要培养新的传承人，实现非物质文化遗产的代际传承。非物质文化遗产作为一种文化形态，在非物质文化遗产的保护过程中要坚持以人为本的原则，传承人应该通过师承形式、学校教育或者其他方式选择、培养新的传承人。传承人要依法举行传统文化活动，针对非物质文化遗产的多样性，采取不同的传播方式，不只是单纯地宣传非物质文化遗产的内容，还应使公众更好地了解非物质文化遗产，激起公众的兴趣，从而在传播过程中实现非物质文化遗产自身的价值。

传承人在对非物质文化遗产进行创新时，要保留非物质文化遗产的精神。非物质文化遗产的产生和生存需要特定的历史条件。随着时代和环境的变化，非物质文化遗产传承人要在原有的基础上进行创新，吸收有利于自身的因素，适应社会时代和环境的变化，实现非物质文化的可持续发展。民俗文化的开发，无论采取何种形式，都存在真实性开发与扭曲性开发之间的矛盾。所以，传承人在承传文化遗产时，不能只是创新，还应保留，保留文化遗产的精髓，这样才能更好地保护和承传文化遗产。

专家在认定非物质文化遗产传承人时要保持自身的公正性，充分利用自己的专业性，认真、负责地去田间村庄调查传承人的资料，即使不能亲自参加，也要充分考证相关材料的真实性，加强非物质文化遗产保护的理论研究，建立有中国特色的社会主义文化保护体制。

传承人的保护是非物质文化遗产保护的关键。需保护好传承人，必须做好对传承人的调查与认定工作，明确调查、认定传承人过程中的具体程序和内容，完善非物质文化遗产保护制度。虽然目前法律法规中的规定存在一定问题，但通过提高地方立法技术等立法手段来建立非物质文化遗产的保护法律体系，确定政府、传承人及专家各自的职责和责任，建立符合责任主体利益目的的激励体制，提高对非物质文化遗产保护的力度和效率，通过各方面的共同努力，就能逐步创建有中国特色的非物质文化遗产保护制度。

第三节　非物质文化遗产传承人行政保护措施

一、完善非遗传承人制度的建议

（一）构建完善的传承人认定机制

第一，合理确定认定数量。认定代表性传承人有助于传承者的精湛技艺被社会及时关注，让年轻一代学习者在政府的资助下抛去经济上的后顾之忧，防止由年龄和经济原因导致的"人亡技失"。认定非遗传承人的数量是非遗保护中的一项重要基础性工作，当前制度上未明确认定数量且实践中认定偏少。国家、省、市等各级政府相关部门应该在结合具体非遗的稀缺性、本地实际财政情况的基础上最大限度给予更多非遗掌握者以"传承人"身份并加以物质支持。

第二，科学设置认定标准。认定的标准直接影响认定的数量，当前各级"非遗代表性项目的代表性传承人"的认定明显过严。应当扩大非遗传承人的候选范围，只要是非遗的掌握者均应准予参与认定，如应将"从事非物质文化遗产资料收集、整理和研究的人员"也列入可供参选的名单中；应当简化当前传承人的认定条件，以"积极开展传承活动，培养后继人才"为例，此应是被认定传承人后应负义务而非认定之先行条件；应当设置代表性项目代表性传承人和非代表性传承人两类主体，并分别予以不同认定标准和资助标准，对于前者可以标准从严，应具备技艺熟练精湛、具有权威性和影响力、传承谱系清晰等条件，而后者仅需技艺熟练精湛即可。

第三，完善多渠道的认定启动机制。现阶段传承人认定制度主要是以政府名义进行的，我们将这种方式称为国家认定制。在这种认定制中，个人申请和他人推荐相结合的申报制是程序启动的原因，但这种机制存在明显弊端：此举不适用于对政策不够敏感的绝大多数"民间非遗掌握者"，也不利于调动社会发现推荐非遗传承人的热情。因此，应规定政府有发现和认定非遗传承人的责任和义务，使其变被动为主动；应构建针对"发现并推荐非遗传承人的个人和单位"的激励机制，激发全社会发现、尊重非遗传承人的热情；应将传承人直接"登记"作为现行认定制度的补充程序。

（二）加大对传承人扶持的广度和力度

首先，应扩大对传承人支持的广度。认定是非遗传承人获得支持的前提，相对于被认定各类"非遗代表性项目的代表性传承人"，更多的或许更有价值的非遗"传承人"尚未被制度纳入到扶持范围。应当承认，有选择地对非遗传承人进行支持是国际惯例，也符合我国国情，但在现有条件下，适度扩大扶持面也是很有必要的。相关立法未提及非认定的非遗传承人，无疑是一大缺陷，不利于该类非遗的普及和发展。进一步扩大传承人支持的广度还体现在应当扩大扶持门类上。

其次，应加大并有效落实支持的力度。如前所述，政策层面的非遗支持尚未成为政府的法定义务，而非遗保护应采取的支持措施和力度，政府则有很大的选择权。非遗保护理念尚未被社会完全接受，单靠政府自觉自愿实现非遗保护的根本性改观，显然不能。

（三）废止传承人的资格取消制度

传承人的资格取消制度固然可能有利于督促传承人更好地实现非遗的"传承"，但荣誉惩罚机制是不适合不以获取物质利益为主要目的的文化从业者的，甚至还会招致文化人的"反感"。激励才是非遗保护唯一的原则，而即使认定的"传承人"显然不再具有传承能力或不积极传承，也不应当剥去身份，只能在继续引导，但仍不能实现时，可考虑适度削减乃至终止物质扶持。

现行的非遗传承人制度实际上是"非遗代表性项目的代表性传承人"制度，其只适用于极少数非遗项目，且仅能认定非常有限数目的传承人。"狭义的"非遗传承人制度显然不能阻止非遗传承人断层的趋势，只有将传承人认定扩展至所有"非遗"，并扩大认定的数量，才能从根本上扭转"普遍断层"这一局势。非遗传承人急需政策和法律层面的有力支持，在财政收入领域应给予非遗传承人税收优惠，在财政支出上则应设立专项资金，尽最大可能地支持更多传承人，尤其应当重点考虑那些濒临绝迹的非遗项目以及生活困难的传承人。非遗传承人资格取消制如同套在传承人身上的枷锁，使其背负了太多压力，对非遗的保护和传承并不能起到根本性作用，废止资格取消更符合非遗保护本身。

二、民间文学国家级代表性传承人保护与培养机制的多元构建

传承人的传承活动深受阻挠的多元成因，决定了传承人保护和培养机制需要多元

构建，方能见效。

（一）激励与保护机制

1. 搭建传承平台，彰显传承人的人文价值

民间文学代表性传承人往往是各民族文化传统与生活经验的诠释者和制定者，在民间具有特殊的威望和很高的社会地位。然而，在外来文化、现代文化的冲击下，其赖以传承的口语叙事社会功能被消解，传承人的地位被边缘化。要激励和保护传承人，就要让民众意识到他们存在的意义。要为传承人搭建走向民众的展演平台，如举行隆重的命名、授予称号仪式，举办民族民间文化艺术展演，民族民间文化节，大型公益文化活动，邀请传承人参加演示、研讨和交流，及时表彰、奖励有突出贡献的传承人等，通过这些平台，凸显传承人的人文价值，提高他们的社会地位。这样，既调动了传承人的积极性，使他们乐于主动承担保护职责，开展传习活动，又有利于唤起民众对民间文学遗产保护紧迫性的认识，从而更加关注传承人。

2. 给予经济资助，让传承人无忧传承

传承人多为农民，以农活为生，只有彻底解决了他们的生计问题，才能确保他们有充裕的时间与精力用在传承工作上。为此，应将民间文学代表性传承人的保护工作列入政府的中长期规划和年度计划中，进一步加大政府保护传承人的力度和投入，为传承人提供良好的生计保护，使得老传承人无忧传承，年轻一代积极参与传承。

3. 展开抢救性记录，合理利用，促进传承

传承人留存了大量的文化记忆，凝结着毕生的经验，应采取多种措施，延续其鲜活的文化记忆，并进行合理利用：一是运用文字、图像、多媒体等多种手段和多种形式将传承人的文化记忆完整地记录下来，建立有关档案，输入国家和省市级的非物质文化遗产数据库，以便梳理出其传承线索与传播规律，寻找其价值和可持续发展的因素，为传承人的总体性保护政策提供支撑性条件；二是科学整理采录到的民间文学资料，通过纸质、影碟、网络等形式向社会推介，使之更广泛地流传；三是精选编印出大、中、小学的民间文学读本，进入校园，增强青少年对民族文化的热爱和保护意识，促进传承。

4. 原生地传承，传、承互动，实现传承集群效应

传承由"传"和"承"两方面构成，是一种线性的链接方式。从传递链看，"传"是授者，"承"是受者；从整个传承过程看，两者都是主体，只有两者共同主动参与，传与承主动相接，传承才能实现。各社区，尤其是原住民、各群体，有时是个人，在非物质文化遗产的生产、保护、延续和再创造方面发挥着重要作用，从而为丰富文化多样性和人类的创造性做出了贡献。可见，代表性传承人应到原生地开展传承活动，并努力确保创造、延续和传承这种遗产的社区、群体，有时是个人最大限度地参与，

使民间文学形成一个永远紧密相连的链接，授者和受者永远成为传承中无可争议的群体，从而实现每一代都无一例外地要从上一代那里传承民间文学，并在传承中创造出有生命意味的活态文学。

5. 学校传承，强化民族认同，扩大传承面

从传承的角度看，民间文学能够延续至今，与强烈的民族认同感和良好的文化自觉分不开。尤其是代表性传承人，他们热爱本民族文化、积极传授、不断创新，使得民族文学得以世代传承。当下，漠视本民族文化、文化记忆渐趋淡化的现象越来越普遍，而制度化的学校教育往往又将本土的民间文化排斥在外，导致受过学校教育的青少年对本土文化的疏离，出现了民族文化认同危机。对已融入现代化进程中的年轻一代进行民族文化认同教育就显得尤为迫切。民间文学是民族文化认同教育的重要载体，民间文学的传播与传承本质上是"地方性知识"和"民间智慧"的展演过程。应该考虑在学校教育中给民间文学应有的话语权，让民间文学进入到地方课程和校本课程中，通过代表性传承人生动的课堂展演，加深学生对本民族历史、文化的理解和热爱，激发学生的民族文化自豪感和自信心，强化民族认同感，形成文化自觉，主动接触、理解甚至保护、传承民间文学遗产。

6. 保护好文化生态环境

为了使民间文学遗产存活下来，我们就应该保护与其紧密相依的文化生态环境。民间文学通常都是在一定地域产生的，该地域独特的自然生态环境、文化传统、信仰、日常生产、生活习俗都从各个方面决定了其特点和传承。没有打夯，就没有打夯歌；没有礼俗，就不会有礼俗歌；没有农耕生产，就不会有农谚。如果该地域的文化生态环境遭到破坏，民间文学就失去了赖以生存的土壤和条件，传承人就难以开展传承活动。只有有效保护、维护传承活动所赖以生存的特定文化生态环境，使自然传承活动具有可持续发展的条件和土壤，传承人的传承活动才能得以更有效地实施。

7. 保护主体共同参与，合力保护

在市场经济条件下，传承人的保护离不开保护主体的支撑。只有传承主体与保护主体紧密相连，相辅相成，形成有效的传承机制，才能为传承提供有力保障。代表性传承人的保护主体应该由各级政府、民间组织甚至个人组成，他们有着各自的职责。各级政府是民间文学项目传承人保护的决策者、组织者和统筹者，并提供资金上的扶持。学术界、新闻媒体、社会团体以及商界人士这一庞大的社会群体也是保护主体的重要组成部分。他们的责任不是传承，而是利用自己的学术优势、舆论优势以及资金优势，在学术、法律以及资金等各个层面，对本辖区内的口头文学遗产传承给予积极扶持、热情鼓励和真心推动，保护主体应与传承主体一起，形成合力，共同抵御外来文化的侵袭。

（二）传习人的培养机制

保护传承人，是传承机制的一个方面，使非物质文化遗产代表作的传承后继有人，也就是培养"传习人"，是传承机制的另一个方面，二者缺一不可。

1. 加强传习人的培养

通过传承人的传授，习得、接受、掌握某项遗产的技术、技能，并有可能成为新传承骨干的人，统称为"传习人"。今天的"传习人"，有可能成为明天的"传承人"。在非物质文化遗产保护中，既重视"传承人"的抢救，又加强"传习人"的培养，才有可能使非物质文化遗产"世代相传"。代表性传承人要有计划地选拔、培养一代又一代的年轻传习人，让年老一代以老带新、言传身教地把自己所掌握的精华传给年轻一代，让年轻一代将老一代传承人的精华承接下来，并进行再传承、再创造、再生产。这样一代接一代的努力，才有可能实现民族文化的永续传承与发展。要实行传承人签约带徒传授制，使传承人保护的各项优惠政策、措施都能发挥实实在在的效益。

2. 培养传习人的创新意识

创新是有效的保护。民间文学作为非物质文化遗产，它的一个重要特色就在于其活态性，它表现为一个不断更新发展的动态过程，在这个过程中，创新活动是根本推动力，也是文化得以发展的动力。在传习过程中，传承人应培养传习人的创新意识，鼓励和支持他们在扬弃地继承传统文化的基础上，不断以新的成果充实其内容、丰富其内涵、增加其要素，使之与时代相适应，并进入新一轮的群体性（族群或社区）传播中。

（三）传承人的权利保障与考核机制

1. 传承人的权利保障

传承人是非物质文化继续发展的关键环节，只有从立法上给予传承人合法保护，才能从根本上确立传承人的权益受到保护。主要是通过技术秘密的保护制度，保护自己不愿为人所知的属于民间文学艺术范畴的技术和技巧；传承人可以把自己的权利转换为著作的权利，率先发表自己的作品，使自身的权益得到保障；传承人也可以通过表演、录音、录像、广播等方式依法取得邻接权；传承人还可以通过专利和注册商标的方式保障自己的权利。对于现行知识产权法中没有明确规定，但从性质上适合加以保护的，可以通过对现行法进行修订以增加保护条款来解决。

2. 传承人的监督与考核

传承人在享受到国家法律、政策保护包括财政支持的同时，必须担负起保护和传承自己所持有的非物质文化遗产的义务，即有效地履行保护职责，有义务和责任将其传承给后人，贡献给社会。

非物质文化遗产是一种活态文化，它的传承是以人为载体的。加强对非物质文遗产代表性传承人的保护，是非物质文化遗产保护的关键环节。因此，民间文学代表性传承人保护和培养机制的构建要"以人为本"，按"政府主导，社会参与，明确职责，形成合力"的原则进行。传承人的激励与保护机制、传习人的培养机制和传承人的权利保障与考核机制都是机制构建中不可或缺的元素，只有三者有机结合，实现了"活态"保护，才能赋予民间文学遗产鲜活和持久的生命力，促使民间文学走上可持续发展道路。

三、从"效用"视角推行传承人的分类保护方案

我们将传承人采取以津贴为主的整体保护措施，但是对于传承人而言，他们在社区中也就是一些普通的艺人、匠人，之所以愿意传承这些民族文化，更多还是因为这些传承项目"有用"。让传承人从神圣回归世俗，从"效用"的视角来设定传承人的保护措施，也许是更为有效的传承人保护策略。这里根据非遗项目在现实生活中的效用划分，将其分为四大类。一是可以转化为某种产品满足人们的物质生活需要，并在市场上进行交易维系传承人的生存，一般工艺类非遗即属此种类型，如贵州水族马尾绣、苗族蜡染、芦笙制作、银饰制作等；二是能提供某种有偿社会服务，满足人们物质和精神上的需求，传承人可以靠此谋生，如民族医药传承人完全可以靠行医为生，苗族吊脚楼营造技艺的传承人可以通过为他人建房谋生；三是原本作为传统社区的一种生活方式，不是传承人的谋生手段，但在现代社会的异文化中衍生出另类观赏价值，能够为传承人带来经济利益，如侗族大歌等传统音乐的演唱者可以通过在城市演出获取收入甚至谋生；四是作为传统社区的生活方式的特点没有改变，也没有演化出为适合现代社会需求的新价值，传承人不能靠此谋生，如传统礼仪、节庆等。当然，上述的分类并非绝对，一些传统戏剧虽然不能在现代社会获得经济上的成功，但在传统社区中既是一种生活方式，也作为一种祈福、禳解的仪式，可以为传承人获取一定的经济利益。因为非遗对传承人的"效用"大小不一样，所以传承人传承该项目的"动力"就会有很大不同。对传承人进行分类保护，就是要将有限的资源用在特定的对象上，以激发传承人的传承"动力"为目的，采取多样化的分类保护措施。根据对非遗项目"效用"的上述分类，可以采取以下分类保护策略。第一，市场化保护。对于有较大市场价值的非遗项目，主要是工艺类非遗，如马尾绣、苗族蜡染制作、银饰制作等非遗项目，由于其传承人可以靠此谋生，传承人的传承动力非常大，实际上无须政府投入资金鼓励传承，完全可以采取市场化的保护策略，由市场来推动非遗传承，政府在其中只需做好公共服务，如制订相关行业标准，打击假冒产品，提供政策、贷款扶持，人才培训等，起到"守夜人"的作用。可以说，将此类非遗文化市场化是挡不住的潮流。至于如何防止过度市场化、工业化的假冒制品败坏非遗名声，应是政府考虑的问题。第二，扶持性保护。对于能够提供一定有偿服务但服务功能正逐步减弱，传承有一定困难的非遗项目，如水书文化、民族医药、苗族芦笙制作等传承人，可以

采取扶持性保护的政策，通过发放一定津贴保障传承人的基本生存，维持其家庭生计。同时，辅之以其他一些个性化的扶持措施。政府还可以通过公共媒体为传承人提供免费广告宣传，提高其知名度，增强传承人服务社会的内生能力。第三，半体制化保护。部分非遗项目本身没有提供有偿服务的功能或者此方面功能很弱，如侗族大歌、苗族古歌、苗族锦鸡舞等，其传承人特别是年轻的传承人，在外打工能获取不错收入，即使发放一定的津贴，也很难吸引他们在家乡从事传承工作，但其本身有留在家乡发展的强烈意愿。对于此类传承人，可以通过半体制化的方式吸引他们留在家乡从事传承工作，即并不将他们纳入公务员或事业单位编制，但可以通过聘用合同让他们部分享受体制内的待遇，如聘用部分优秀民间文学、民间音乐、民间美术、民间舞蹈的传承人进入乡村学校担任教师，发放大幅低于编制内教师的工资，同时为其购买养老保险、医疗保险，使他们获取稳定感和认同感，提高其传承文化的"动力"，在不大幅增加财政负担的情况下，通过半工（农）半传的方式，实现非遗的有效传承。

总体上，现行的非遗传承人整体性保护方案，在行政上也许是经济和高效的，但由于忽视了非遗的多样化和个性化特点，与非遗保护的原则相违背。这样的保护模式，在现实中可能收效甚微，甚至给非遗造成"保护性破坏"。因此，区分非遗传承人的类型，让传承人从神圣化回归世俗化，根据非遗项目对传承人"效用"差别的大小，细分传承人传承文化的"动力"，有的放矢地提供相应的保护措施，这也许才是非遗传承人保护的必然路径。当然，非遗的"效用"随着社会变迁会不断变化，传承人传承文化的动力也会跟着不断变化，在此过程中，有必要不断地根据社会现实来改进分类保护的策略，因势利导，用相对较小的成本，达成各类非遗文化的永续传承。

第五章　文化创意语境下的非物质文化遗产

　　长期以来，对于非物质文化遗产的探讨大多是遵循着其生存与发展的轨迹与脉络的，或有人大谈对于非物质文化遗产的开发和利用，但也基于"非物"与"物"之间相互转换的理念以及人们对经济利益的诉求。其实，自乡土、民间种种的非物质文化遗产进入人们的视野以来，立足于传统元素的诸多文化创意已经在我们的社会生活中屡见不鲜，诸如白先勇的青春版《牡丹亭》、京剧等戏剧的卡通形象创意、亚运会的"五羊"吉祥物，以及诸如《印象·刘三姐》等一大批代表地域传统的艺术作品的出现，都在不断冲击着我们对非物质文化遗产等社会文化传统的认知。如今，这些基于非物质文化遗产而进行的文化创意，在创造着一种新的文化风尚的同时，也为诸多的非物质文化遗产资源带来一种新的、另类的生机与活力。

　　在社会学与人类学的领域中，对于现实条件下诸多社会和文化传统的延续与再生的讨论，往往借鉴皮埃尔·布尔迪厄（Pierre Bourdieu）的再生产理论，将再生产的模型建构在场域转换的基础上。前文已经探讨过，非物质文化遗产的整体性中应当包括"自然"与"社会"的双重属性，但是在现代文化创意实践的语境中，非物质文化遗产往往不再被当作一种整体，而是通过不断地放大其自然属性中的某一部分，将诸多具象化的文化事象表述为一种形象、一种文化符号乃至一种生活方式。因此，在当前文化创意盛行的社会语境下，探讨诸多的非物质文化遗产资源如何被解构、被重新整合，又以怎样的方式与手段进行新的文化生产与再生产，进而获得完全脱离于传统生命轨迹的形象与身份，就是一个十分有意思的课题。

第一节　非物质文化遗产的新形象

　　诸多的非物质文化遗产资源在人们的认知中可能也有一些独特的形象，比如北京的"天坛传说"可能会被具象化为那一座独特的建筑，广州的"五羊传说"也对应着越秀山上的五羊雕塑，提到"京剧"人们往往会想起青衣、花脸等形象，而说到"评书"则让人想起的多是单田芳。诸如此类的形象化认知也不胜枚举。这些都是在非物质文化遗产的传播过程中，日积月累沉淀下来的认知与形象，往往代表着一代人乃至几代人的回忆。

　　市场的、经济的因素在促使非物质文化遗产从传统生存模式向现代性的发展方面，发挥着十分重要的作用，但这并不是唯一因素。抛开这些经济因素不谈，从非物质文化遗产传承与延续的角度来说，也存在诸多具有重要影响的因素，比如不同代际的文化差异性。现如今，全球化的文化视野和新的技术手段使得文化更新与传播的频率不断加快，特别是最近三十多年来东西方文化碰撞与交流的影响力越来越多地显现出来，这种文化生态的变化趋向也造成了传统文化叙事方式和接受模式的急剧转变。比如诸多非物质文化遗产叙事从口传心授向新媒体手段转化，其中尤以白先勇先生的青春版《牡丹亭》最受关注。

《牡丹亭》是昆曲名篇，由明代剧作家汤显祖所创，"原来姹紫嫣红开遍，似这般都付与断井颓垣。良辰美景奈何天，赏心乐事谁家院。""不入园林，怎知春色如许"等脍炙人口的诗句都出自其中。白先勇的青春版《牡丹亭》是在汤显祖原作的基础上改编的，"我们认认真真琢磨了五个月，把五十五折的原本，撮其精华删减成二十七折，分上中下三本，三天连台演完，从第一出《标目》演到最后一出《圆驾》，基本上保持了剧情的完整……一般《牡丹亭》的演出本偏重杜丽娘，以旦角表演为主，我们的剧本，还原汤显祖原著精神，加强柳梦梅角色，生旦并重。因此，《拾画》《叫画》这两出经常演出的巾生代表作，我们捏成一折，做了适当的改编，更加凸显其重要性，三十分钟听独角戏，将巾生表演艺术发挥得淋漓尽致，与第一本杜丽娘的经典折子《惊梦》《寻梦》旗鼓相当……如此，我们的剧本生旦戏双线发展，达到了对称平衡之美"。青春版《牡丹亭》问世之后，在各个高校的巡演受到大学生们的热捧，在青年人中引发了一阵了解昆曲、延续传统的热潮，在许多青年人的眼中青春版《牡丹亭》成为昆曲的一种新形象。究其背后的原因，一方面可能有剧作家本身的号召力，而更加重要的是，这种改编的叙事和演绎方式迎合了青年人的审美观念。

当然，诸如青春版《牡丹亭》这样对传统戏剧名作的改编也有很多，比如《白蛇传说》等民间口头文学被搬上荧屏、对波罗诞传统的祭海仪式以舞蹈的形式进行复原等，这确实迎合了当代人的艺术审美观。以上这些文化创意仍保留了非物质文化遗产等传统文化的基本形式与内容，而在许多其他的文化创意过程中，往往是抓住传统文化中某一个要素进行突出或放大，从而达到引起社会关注的目的。例如，九江双蒸博物馆出品的《粤韵》青梅酒系列，就以粤剧人物卡通形象作为包装，将传统酒的制作技艺与地方文化"新形象"结合在一起，受到人们普遍的欢迎。诸如此类的传统戏剧卡通人物形象设计在各种文化展会中屡见不鲜，而由中国艺术研究院主持的"中国戏曲经典原创动画工程"，也在很大程度上推动了京剧、昆曲、黄梅戏、耍孩儿、碗碗腔等传统艺术形式与现代卡通形象设计的结合。

从非物质文化遗产的角度来看，这种社会整体层面上的文化创意过程，是建立在非物质文化遗产等社会文化传统的再生产基础上的。这些文化传统的再生产，或多或少已经突破了其原有界限。在传统之外，这些非物质文化遗产正在以一种新的社会形象展现在世人眼前，融入了当代社会生活，也获得了传承与发展的动力。

第二节　传统生活方式的新景观

在诸多非物质文化遗产试图改头换面,以新的形象与身份重新融入社会生活的同时,一种强调复古的、他性的传统文化保护风潮也在逐步兴起。与地方社会的文化自觉不同,这种风潮大多是由站在客位角度的行政力量、观察者和研究者所引导的发展模式所推动的,其最直接的表现形式往往是传统生活方式的"景观化"。毋庸讳言,这种趋向或多或少受到了人类学领域中对"异文化"关注的影响,而"传统""他性"与"异文化"之间则存在某种对等的关系。

1993年—1995年大英博物馆人种学分部的人类学博物馆的主题展览"天堂:新几内亚高地的变化和连续性",在展览设置等方面就是以"异文化"鲜明的景观性为核心,"在主展区它变成了直接表现新几内亚的物质和社会环境,或高地浓郁的植被(在商店和手工磨坊后面)以及其中的一个营地(这营地与里希探险队拍摄的一张照片中的完全一样),或一个瓦基村落(在波利伊姆屋和蒙德邮筒后面)……三分钟长的环形磁带反复表现新几内亚凌晨的声响,蝉叫、歌声、单簧口琴,而且还有兴奋的叫喊声从商店里传出。这些声响使参观者置身高地"。除了这些景观化的土著世界,在许多展览中,异文化中的"他者"也作为景观内容的一部分被展览。从19世纪末开始,在欧洲,作为展品、附属国的人们被说服去为观众提供生存在别的世界的经验,他们置身于"真正"的村庄,按要求为参观的人群重新表演他们的日常生活,如同民族志的叙述一样,这些展览的背后仍隐藏着许多不为人知的知识与常识,需要参观者自己去补充。

不管是人类学的民族志书写,还是博物馆对"异文化"的展览,这些都是将他者的文化带离了原生的情境,呈现的是一种固态化的他者生活,而"生态博物馆"概念的提出,则是将传统生活方式景观化推向了更加广阔的视野。生态博物馆已经不局限于传统博物馆式的建筑,而将关注点放在一个社区,其基本理念是"文化遗产应该被原状地保存和保护在其所属的社区及环境之中"。1998年,中国和挪威联合在贵州省六枝特区建立了我国第一个生态博物馆——梭嘎苗族生态博物馆。随后,各种生态博物馆就如雨后春笋般建立起来。目前,我国已有十六个生态博物馆,包括梭嘎苗族生态博物馆、镇山布依族生态博物馆、隆里古城汉族生态博物馆、堂安侗族生态博物馆、南丹里湖白裤瑶生态博物馆、三江侗族生态博物馆、靖西旧州壮族生态博物馆、贺州客家围屋生态博物馆、长岗岭商道古村生态博物馆、融水安太苗族生态博物馆、那坡达文黑衣壮生态博物馆、金秀坳瑶生态博物馆、龙胜龙脊壮族生态博物馆、东兴京族生态博物馆、云南西双版纳布朗族生态博物馆、敖伦苏木蒙古族生态博物馆。这些生态博物馆的建立，对当地人的生活产生了深刻的影响。

进入 21 世纪以来，人们发现，在非物质文化遗产保护当中所倡导的文化生态保护区建设中，也存在和诸多生态博物馆建设、发展过程中一样的隐忧，这值得反思。当前，这种传统生活的景观化，最直接的体现就是全国各地民俗旅游、工业旅游等社会发展模式的兴起。鲁迅先生"只有民族的，才是世界的"的表述如今已经成为各地政府和群众社会经济发展的主要思路来源——以地域文化的他性来吸引外来者的视线，这可能就是所有民族和地方在迈向现代化过程中的选择。

总体来看，对于异文化、他者的景观化方式，已经逐步从过去固态化的书写与表现方式，扩展到如今将传统生活方式纳入景观范畴之内，在这样的过程中，政府、学界、文化拥有者等各方面，以及政治、文化、经济等各种因素都有所参与。我们都不难发现，在传统生活方式"景观化"的背后，对应的是旅游观光业的兴起。很多学者都关注到旅游观光给地方社会发展带来的动力，如葛蓝·艾波林（Dr·Graeme Aplin）提出："观光业也为澳大利亚原住民提供了重要的潜力，使得观光业和原住民之间可以建立起良好的工作伙伴关系。观光业可以提供给原住民工作机会与其他经济利益，帮他们培养起民族自觉的意识，并进而自给自足，也让非原住民有机会了解原住民文化，进而欣赏原住民文化，这绝对有助于跨文化间的大和解。"[1] 但在实践过程中，正如诸多生态博物馆和民俗旅游所面对的传统文化解构、重构等问题，以及少数民族社会发展中"保人还是保文化"的困境，最重要的仍旧是文化延续与市场之间平衡点的选择问题。

第三节　现代城市的文化名片

很多人喜欢到各地旅游，在行走过程中往往对某些东西留下一些深刻的印象，比如自然山水、历史遗迹或者人文风情。为吸引旅游资源，近年来某些依托于地方山水和人文风情的大型实景演出逐渐盛行起来，并成为一些城市独特的"文化名片"。这些大型实景演出是建立在地方性基础上的文化创意的典型案例，其中以依托桂林山水和壮族歌仙刘三姐传说而形成的《印象·刘三姐》最为成功。

传说刘三姐自小能歌善唱，出口成章，曾到附近各地传歌，而慕名而来与她对歌的人也是络绎不绝，但无一能胜。在广西，人们以"刘三姐歌谣"来综括地方民歌，将诸如生活歌、生产歌、爱情歌、仪式歌、谜语歌、故事歌及创世古歌七大类均纳入

---

① ［澳］葛蓝·艾波林：《文化遗产——鉴定、保存和管理》，刘蓝玉译，五观艺术管理有限公司，2005：245。

"刘三姐歌谣"的范畴之内。2006年，"刘三姐歌谣"被列入我国第一批国家级非物质文化遗产名录。刘三姐的歌谣和故事在全国具有十分广泛的影响力，其"歌仙"形象已经成为一种民歌的地方化母题。比如广西柳城山歌的传承人黄三弟被誉为"天上刘三姐，人间黄三弟"，可见刘三姐在广西地方山歌界中无可比拟的地位；在海南昌江黎族有军歌四句调《今日碰到刘三姐》："好久没有唱山歌，喉咙起了蜘蛛窝。今日碰到刘三姐，歌书要唱几大箩。"在粤赣交界的客家地区，也有许多诵唱"刘三妹"的山歌。1961年，刘三姐的传说被改编为新中国第一部音乐风光故事片《刘三姐》搬上银幕，刘三姐纯朴、智慧的人物形象和优美抒情的壮族山歌，以及甲天下的桂林山水给人们留下了深刻印象。当然，将民间文化以电影形式展现，可以认为是当时条件下最成功的文化创意——尽管当时的人们可能都还没有这样的意识。《印象·刘三姐》正是在这样的文化积淀基础上形成的，特别强调了回归文化的本土。《印象·刘三姐》的演出地点定在漓江与田家河的交汇处，整个演出场景全部依托当地自然环境。演员人数达数百人，大多由经过特殊训练的当地人担任，并根据不同场景选用壮族、瑶族、苗族等不同少数民族的服装。《印象·刘三姐》于2003年试演，翌年正式公演，获得了极大的成功。可以说，《印象·刘三姐》不仅将"歌仙"刘三姐的形象和故事融入现代演出当中，促进了传统的再生与传播，更成为桂林这座城市一个鲜明的文化符号、一张文化的名片。在《印象·刘三姐》取得成功以后，各个城市看到了这种形式对于传统文化的提升与再造之效果，纷纷掀起了大型实景演出的热潮，张艺谋、梅帅元等人因此打造了一批代表城市与地方文化的节目。如张艺谋的印象系列、梅帅元的《禅宗少林·音乐大典》以及《鼎盛王朝·康熙大典》《中华泰山·封禅大典》《天门狐仙·新刘海砍樵》《大宋·东京梦华》《天骄·成吉思汗》《道解都江堰》等。如果单从经济角度考量，这些新的文化创意演出有的获得成功，也有的经营惨淡，但从其文化效应来讲，则它们都得到了当地群众较为普遍的认知与传播。

　　与实景演出等市场化的操作模式相对应，在我国还有一种更为普遍性的城市文化挖掘与传播策略，即民间文化艺术之乡的评选与认定。20世纪80年代，由文化部推动，在全国范围内开展了"中国民间文化艺术之乡"的评选。"民间文化艺术之乡"的定位，依据的是民间文化艺术在地方社会中的主体性地位，民间口头传统、传统表演艺术、传统手艺和民俗等都能够成为民间文化艺术之乡的认定与命名的依据。到目前为止，全国已经命名的"中国民间文化艺术之乡"的数量逾千，每一"乡"涉及的范围可以是一个乡镇、一条街道或者一座城市，大小不一。如河北吴桥是"杂技艺术之乡"，当地有"上至九十九，下至刚会走，吴桥耍杂技，人人有一手"的说法。又如，江西瑞昌是"剪纸艺术之乡"、安徽环宁是"黄梅戏之乡"、广州市天河区珠吉街是"乞巧习俗之乡"等。其实，这些"民间文化艺术之乡"往往就是将诸多传统文化艺术与地方社会、现代城市等直接关联起来，使其成为地方化的"文化名片"。同时也应注意到，这种评选与命名带有明显的政治属性，往往着眼于地方文化的整体性状况，而身处其中的个人则很少受到关注。

广州城市文化名片的发展与变化，则更加体现出时代的转变。广州，也称"花城""羊城"和"穗城"等，其中"花城"之誉与广州人逛花市、行花街的传统习俗有着密不可分的关系，历经数百年未曾改变。"羊城"和"穗城"的称谓则与"五羊传说"密切相关，具有更加悠久的历史。据晋代顾微《广州记》记载："广州厅事梁上，画五羊像，又作五谷囊，随像悬之。云昔高固为楚相，五羊衔谷萃于楚庭，故图其像以为瑞。"这是五羊传说起源时的雏形，也是岭南地区最早见录于古籍的民间口头文学，距今已有 1500 多年。经过民间的世代相传，五羊传说也不断丰富发展。屈大均《广东新语·卷五·石语》的"五羊石"条下，就生动讲述了"五羊传说"，其内容如下："周夷王时，南海有五仙人，衣各一色，所骑羊亦各一色，来集楚庭，各以谷穗一茎六出，留与州人，且祝曰，愿此阓阛永无荒饥。言毕腾空而去，羊化为石。今坡山有五仙观，祀五仙人，少者居中持粳稻，老者居左右持黍稷，皆古衣冠。像下有五羊石，有蹲者、立者，有角形微弯势若抵触者，大小相交，毛质斑驳。"岑仲勉先生曾经将五羊的神话传说与史前拓殖联系起来，认为是西周末年周人南迁的某种印迹。五仙骑五羊携五谷禾穗相赠广州的古老传说，千百年来已成为广州城悠久历史的象征和标志性形象，除了民间以"羊城""穗城"作为广州代称外，城内一些地方也以五仙门、五羊驿、仙羊街等命名，还特意修建了五仙观、五仙桥，越秀山上还有作为广州市城标建筑的五羊雕塑，此外还衍生出更多的传说、书画、雕塑、舞蹈、戏剧艺术作品等，形成了一个以五羊传说为中心的文化体系。

时至今日，五羊传说在民间仍旧流传不息，但是人们已经逐渐将"五羊"形象从传说的母题中提取出来，并以新的叙述方式和新的内容呈现在世人眼前，其中传播最为广泛的就是动画片《喜羊羊与灰太狼》以及 2010 年广州亚运会的"五羊"吉祥物形象。《喜羊羊与灰太狼》是近年来国产动画的典型代表之一，由广东原创动力文化传播有限公司的一群年轻人创作而成，其中喜羊羊、美羊羊、懒羊羊、沸羊羊、暖羊羊五只小羊的形象就来源于广州的"五羊"。在设计当中，他们将"五只羊"从传说故事中抽离出来，并赋予独特的性格将其具象化，再添加新的故事框架与内容，最终形成一种新的"五羊"形象与文化。广州亚运会吉祥物的设计思路同样来源于"五羊衔五谷降临广州"的传说，其形象设计与广州的五羊雕塑有诸多相似之处，如同样是一只母羊带领四只小羊，广州亚运会吉祥物将五羊分别命名为"阿祥""阿和""阿如""阿意"和"乐羊羊"，取义"祥和如意乐"。也有媒体解读认为——"阿祥"为蓝色，象征绵延流淌、生生不息的珠江；"阿和"为黑色，象征着岭南文化的沉淀深厚、源远流长；"阿如"为红色，象征广州的市花木棉花；"阿意"为绿色，飘逸灵动，象征白云山；"乐羊羊"着色为黄色，象征主办城市"穗城"（稻穗颜色），有丰收、喜悦之意。

从民间流传的五羊传说，到铺天盖地的《喜羊羊与灰太狼》动画，再到广州亚运会"祥和如意乐羊羊"的吉祥物，广州"羊城"的形象正在随着时代变迁和表述情境的转换，呈现出更加多样性的内容与形式。如在广州本地人的心目中，"羊城"的形象来自民间传承的五羊传说，也是越秀山上的五羊雕塑，在外来者的眼中，"祥和如意乐羊羊"的形象是代表着广州这座城市的文化符号；而在孩子们的认识里，可能并没有五羊的传说，也没有诸多具象化的文化符号，但是他们喜欢《喜羊羊与灰太狼》，这就在孩子们的心中种下了一颗隐藏着传统文化气息的种子，不知什么时候就会生根发芽。与此同时，在文化创意的语境中，五羊传说这一非物质文化遗产已经与传统民间口头的文学形式大相径庭，从象征着农业文明史前拓殖的历史与轨迹的传说形式，越来越向着适应现代化、城市化的方向转变。从文化的角度来看，这种转变大多依托于本土风俗文化和人民文化素质等因素，会逐渐发展出适合本社区的文化产业，而城市的本土文化中并没有阶层对立之分，因此，以文化创意带动城市文化发展打造出来的现代城市的文化名片，所有阶层的人都是可以平等拥有的。像北京、上海、广州这样开放性的大都市，集中了来自不同地方、带着不同文化背景和身份的人群，人口"流动"也是这些城市文化的主要内容之一。这些流动的人群作为城市的一部分，与本地居民一样，同样积极参与着城市的更新和发展，也应该同时享受城市发展的成果。正如在广州的老城区中，诸多"老字号"的美食是社区传统文化的招牌，而享受这些美食与技艺的对象却并没有高低之分，在这里不同阶层、不同地位的人享用的食物是一样的，观看的表演也是一样的。

其实，不管是市场化的实景演出，还是政治导向下的民间文化艺术之乡的评选，甚至"羊城"等城市文化名片的更新，都是基于对本土性、地方性的文化传统的发掘与利用。这一过程有益于促进地方文化认同的凝聚，但我们更应当注意到，城市作为人类生产生活的聚居地，将成千上万的人融合在一起，这些人有着不同的兴趣、财富、能力及需求，而千差万别的元素相互关联、相互影响、相互适应、相互融合，则产生了富有活力的、丰富多彩的城市空间。因此，城市的发展中，除了有人口、经济等方面的急剧增长之外，还包括内部结构的激变和"人"的变化。基于此，我们不得不强调，现代城市中被解构与重构的传统文化，乃至包装、打造出的文化名片，应当是城市中所有人共同拥有的。

总体而言，文化创意产业确实对非物质文化遗产等传统文化的传承与发展产生较大的影响，或许我们可以称之为一种社会适应——对现代性、城市化的适应。这一过程中传统文化的承载者往往只能做被动的抉择，而其推动力量可能来自政府、学界乃至市场。在这种文化创意盛行的社会语境下，非物质文化遗产等传统文化得到解构、重构与再生产，从三个不同的层面上对其过程和表现形态进行了解读：作为非物质文化遗产资源的本体，通过文化创意的方式被解构，其中某些元素被放大甚至扭曲；作为传统文化承载者的群体，其弱势地位在这一过程中一览无遗，他们日常的、仪式的生活，乃至于这些群体自身，都已经成为一种被观赏的"景观"；对于更大范畴的现代城市，不管是传统文化的延续之路，还是文化创意的发展模式，归根结底是现代化与城市化过程中的一种手段，目的在于让现代城市富于文化气息的手段——传统文化与文化创意的结合，造就了现代城市"文化名片"的产生。从文化传统的角度反观，其实不难发现，这些所谓的"文化创意"或"文化发展"的模式往往带有社会的强制力，这一过程中对非物质文化遗产等诸多社会文化传统的解构与再生产，已经不可避免地沾染上了创意的、现代的、城市的，甚至是文化强权性质的因素，因此，这一过程既在社会发展的脉络与框架之内，又在非物质文化遗产传承与延续的传统之外。

第六章　非物质文化遗产的创意文化与产业价值

第一节　文化创意产业与非遗的融合

一、创意产业的内容

现在使用的"创意"一词基本上与"产业"相联系，一般统称"创意产业"，因此，我们可以将"创意"理解为一个经济学概念，但它同时也是一个文化概念，人们也经常使用"文化创意"一词。需要指出来的是"创意"（creative）还是一个"技术"性的词汇。合而言之，就是"文化创意产业"，其核心概念是"创意"，它沟通了"文化"和"产业"。因此，文化创意产业实际上由三部分内容组成：文化（艺术）、技术和经济。

二、创意产业的本质

创意产业的本质是什么？美国当代经济学家理查德·E. 凯夫斯（Richard E. Caves）有一本著作《创意产业经济学：艺术的商业之道》，书名就已经揭示了问题：创意产业经济学就是艺术的商业之道。可以说，创意产业就是文化工业的发展。这里有两个关键现象。

第一，文化工业表明"文化"已经"中性化"，或者说大众化了；第二，艺术与商业之间已经零距离对接，人们在谈论艺术时已经毫无顾忌地谈论金钱，金钱成为艺术价值的重要标志（如果不是主要标志的话）。这两个现象完全相通，因为大众化和商业都意味着市场，而这个市场的主角就是文化产品、艺术品。西方"艺术"一词是由"艺术品"和"手艺"衍生出来的；它指的是一种特殊的技能，或是手工的或是技术的，后者又是从希腊"技术"（techne）一词演变而来，即现在所用技术一词的词根。艺术家是从纯粹的工匠、手工业者和一般劳动者中区分出来的，用现在的语言说，艺术家是从非遗传承人中区分出来的。从词源上看，艺术本来是一门技艺，后来上升为贵族阶级表明身份的东西，他们除了通过财富、权力表明自己的地位以外，艺术也是甄别其身份的重要特征。发展到现在，艺术又回到了大众社会。大众社会及市场的发展，使得艺术欣赏不再成为独特的而是普遍性的现象，艺术反而在一定程度上回归了它的本来面目。

这种情况的发生，要归功于现代技术的迅速发展和普及，尤其是信息技术的高速发展，使得艺术的商业之道成为活生生的现实。印刷术的发展曾经推动了欧洲社会和文化的根本变革，互联网技术尤其如此，并且现代信息技术的影响具有全球性。信息技术不仅仅是一种形式，本身就是"文化内容"。人们在手机上阅读的小说，其艺术水准根本不会比纸质文本"高雅"，甚至充斥了更多的糟粕。但手机小说阅读本身就是一个文化现象，"技术"才是"王道"。

上述观点已经是老生常谈了，在这里需要注意的是，艺术和技术是同根词。在文化创意产业中，要从技术角度理解艺术，也要从艺术角度理解技术，而技术、艺术的发展本身就是市场。在经济全球化的条件下更是如此，而世界市场的技术基础就是现代交通技术和信息技术的高速发展，现代技术所到之处就意味着有新的创造，就意味着市场。

尤为关键的是，现代社会生活的本质特征之一就是不断创新。农业时代田园牧歌式的生活早已被人们抛诸脑后，人们不断追逐新的变化。而这个创新其实只是技术创新，没有思想创新，人们用技术的更新来掩盖精神生活的衰退。现代技术不同于手工艺，一门传统的手工艺可以原样不动地流传数百年乃至上千年，但现代技术要求迅速创新，创新是现代技术的使命，并且也成为现代社会生活的使命。不管是在哪个部门，人们都要求创新；不管生活怎样忙碌，人们还是被要求不断变换新花样。在现代人的心目中，新的意味着先进，旧的意味着落后。技术意味着进步，创新就是进步。在这个意义上说，文化创意产业是不折不扣的现代性产业，它的本质就是技术性，这种技术性既是形式，同时又是内容本身。

三、文化、技术和产业的结合

非遗和创意的结合是各取所需。非遗可以借助创意产业的技术和市场，而创意产业需要非遗的文化输入。非遗的创意价值是指在文化、技术和产业三方面的价值，非遗的创意发展也要在这三方面进行发展。当然，这种发展很有可能是不均衡、不全面的发展，也不能要求均衡和全面的发展。

需要着重指出的是，虽然都在保护"非遗"。中国的非遗与现代生活隔阂很大，简直是两种不同类型的文化。中国非遗是传统的、古老的，当代社会生活则是西化的、现代性的。奇怪的是，要让"非遗"复活，最大的障碍来自自身。以学术论文而言，在西方杂志发表一篇论文，比在国内一家刊物发表，"价值"要高得多。这其中固然有论文质量问题，但从根本上看，还是对自身文化缺乏自信。因为缺乏文化自信，所以才会有学术腐败。

非遗与创意的结合是一个大难题，但同时也是机遇。其中的关键就是认清优秀的传统文化遗产，建立信心，而不仅仅是做成产业。我们要借助创意产业的技术和市场，引进传统文化遗产，培育市场信心，让具有中国作风、中国做派的创意产品占领国内市场，在此基础上开拓国际市场。要实现这个目标，我们任重道远。

但是，非遗本身不需要这种文化担当。现在的一个问题是，由非遗的存亡联系到传统文化的存亡，这实际上是夸大了非遗的作用和文化功能。对非遗进行各类级别划分，尤其是确定为国家级甚至国际级，对于非遗的发展未必都是好事。非遗还是要接"地气"，回到民间，而不是束之高阁，居于庙堂。有些非遗不保护还好，一保护就加速消亡。非遗与创意结合，一个重要思想就是要将文化和市场结合，非遗既是文化，本身也是市场的产物；同时，非遗还要和现代技术结合，这种结合就是时代潮流，就是创新，换句话说，能够用现代语言把非遗的内容表达出来就是创新。

四、继承与创新

创新、进步是现代性的词汇，是技术社会的标志。当今社会早已接受了这种理念。在高校中，理工科的科研经费远远高于文科，因为理工科容易"创新、进步"，而文科的价值反倒不再标新立异，在某种程度上还要回归传统。创新与文化多样性有矛盾，承认文化多样性就是要承认"落后"的东西有存在的价值和作用，这在"创新"理念中是不允许的。非遗的价值，就是文化多样性的价值。因此，非遗和创意的结合本身就有矛盾，但这个矛盾可以不必解决，我们就在这种矛盾中摸索前进。

不创新也是可以的，那就坚守传统，坚守也是一种传承，不一定非得走市场化道路。传承不下去了怎么办？其实也没有关系，它还有可能以另一种方式继续传承。即使最终彻底消亡，那也是可以的，不必遗憾，不必痛心，坦然接受就好了。只有抱着这种心态来看待非遗的创意价值和发展，才有可能避免盲目，减少一点失败，才可能有新的创造。对非遗最好的传承就是创新，但这里的创新不是技术上的创新，能够传承就是创新。

第二节　非物质文化遗产的创意文化价值

非遗蕴涵着一个民族特有的精神价值、情感理想、思维方式和审美意识，包含了一个民族的历史记忆和生命基因，是维护一个民族文化身份和文化主权的基本依据。保护非遗也就是保护一个民族独特的文化基因、文化传统和民族记忆。保护非遗，就是保护各民族绚丽多姿的传统文化，维护世界文化多样性，为人类文明发展提供不竭动力。

非遗的内涵非常丰富，包含了传统表演艺术、传统技艺、传统医药、民俗等不同类别。中国传统表演艺术千姿百态，将歌舞与表演、技巧与艺术紧密结合在一起，凝聚着中华民族尊崇和谐的个性气质和艺术审美特征；传统技艺体现了中华民族巧夺天工的精湛技艺和崇尚自然、高雅的审美追求，具有鲜明的民族特征和人文品格，其尊重自然生态的独特技术思想，是现代可持续发展要求的弥足珍贵的思想、技术资源；传统医药强调人体内部的整体恒动及与自然、社会和环境的关系，是中华民族关于自然界认知水平的杰出体现；民俗是为广大人民群众所创造、所享用、所传承的生活文化和社会文化传统，是一个民族长期历史文化的集大成者，保留了丰富的历史信息，是我们了解历史文化的主要窗口，也是当前文化建设的重要资源。

一、非遗与创意文化美学

非遗保护和发展的最终目的是要从非遗中获得传统文化优秀的品质，获得可以让当代人领悟和受鼓舞的人文精神，更重要的是在此项工作的开展中唤起全民对本民族优秀文化的自豪和认同感，唤起公众对我们伟大传统的热爱和尊重，认识到真正文化遗产的价值，摒弃文化糟粕，而这也正是非遗的创意文化价值所在。

（一）创意产业的审美内涵

创意产业的产品是文化产品，因此具有独特的审美特征和内涵。在后工业时代，创意产品不仅仅是商品利润之争，也是文化之争。文化产品需要通过审美走向市场，而市场也需要审美。当代国际经济实践表明，占文化优势的国家，其文化产品更能够为他国接受，而其中的关键之一则在于审美的接受。因此，民族的、地方的审美意识就是创意产品的美学特征之一。

创意产业及产品是关注于传统的以文化产业满足人们外显需求的经济模式，创意产品是以信息网络技术作为创意产业的主导形式。这表明，创意产品离不开文化和现代传播手段。创意产业可以说是艺术生产的一种业态，应通过文化需求的深化，满足社会的隐性需求。所以说，艺术生产也是创意产品的美学特征之一，创意产品必须首先是文化的、审美的艺术作品，其次才是商品。

文化的多样性是世界文明的一个基本特征，因此，在当代生活中，就有各种各样的心理需求。有些是良性的，有些是恶性的，但不管怎样，这些心理需要都必须通过一定的形式宣泄出来，而创意产品就是要能满足各种审美需求。

创意产品要适应人们的不同审美心理，举凡影视产品、手工产品、民俗饮食等，都应与人们全方位的综合性审美心理需要对应，其中非常重要的是能够引领人们在使用产品时形成审美愉悦，顺应当代社会"娱乐至上"的心理需求。人们是在审美过程中接受商品的，并且这种审美少说教，但具有潜在的审美功能。与此相适应的创意产品力图创造引人入胜的情景，把消费者变成审美观众。在这个意义上讲，非遗产品就是创意产品，传统表演、工艺、饮食等，都能够让消费者得到心灵和感官的双重享受。

现代科技的迅速发展，尤其是传播技术的发展为创意产品的发展提供了极为广阔的空间，同时也提出了更高的要求。现代科技本身就具有审美功能，并且通过科技手段达到全新的审美愉悦。现在是视觉文化时代，科技的发展，使得人们的审美对象从文字语言转向图像，从语言为中心转向以影像为中心，审美感性尤其突出，在多数时候，审美愉悦是第一位的，甚至是唯一的。

文化艺术产品的一个重要功能就是心理宣泄，只有满足消费者的心理需要，创意产品才能完成审美过程并为消费者接受。如开心农场、瓜果书的成功，就是因为它们满足了现代都市白领向往自然、释放工作压力的心理需要。而各种各样的穿越小说、影视作品，充分满足了人们的奇幻想象。而动漫具有的超现实、重组时空的特征，使得动漫产品能够通过各种手段最大限度地满足人们的审美消费心理。

在艺术形态上，绘画艺术也发生了变化，绘画原本是把时间中流动的意象凝结为空间中静态的画面，但在现代科技条件下，一切都可以打破，这就产生了新的审美需求，满足人们的心理需要。尤其是运用科技手段可以达到时空重组的效果，已经突破了平面艺术和影视艺术，审美效果极为震撼，充分满足现代人的审美需要。

此外，人们对于形式美有更高的要求，举凡人物造型、服饰、颜色、背景等，都要求达到内心的需要。这既是挑战，又是机遇。只要能满足人们的审美需要，创意产品就能细分市场，获得观众和消费者。

（二）非遗的创意美学价值

滥觞于农耕文明时期的非遗，其实是人类共有的精神财富，相信她的意义不仅在于丰富我们机械单调的生活，更重要的是她可以安顿我们的精神世界和心灵，能让人类在对于真正幸福的迷乱和焦渴中品尝到最古朴、最纯净的愉悦，那是属于生命源头的东西，这其实就是非遗美学的现代转身。非遗似乎是看不见、摸不着的，但是她以文化遗存为载体，不仅唤醒了我们的文化记忆，而且传承了一种智慧，一种精神。非遗续接了我们的文化记忆，提升了城市的文化品位，增加了人们的地域自豪感。一只宋代的瓷茶杯，杯子本身是文物，但不是非遗，而制作杯子的工艺流程是非遗，就是文化，就是美学。

不能不说的是，非遗的传承和发展在一个一切讲求市场经济的时代，遇到了前所未有的困难。精致的手工艺少人传承，蕴涵着丰富的艺术价值的产品少人问津。工业和后工业时代消费的习惯带来的结果是，非遗产品的消费一直缺少应有的温度。

实际上，当所有的交通工具都在追求速度的时候，当机械化、批量化生产将复制用到极致的时候，慢生活、DIY（Do it yourself）又应运而生慢摇吧，勾织编绣手工作坊在街头巷尾潜滋暗长，也还有不少人光顾。老祖先留下的最原始的DIY——手工制作产品、非遗产品正是我们快节奏生活中的一段慢摇，正是我们喧嚣生活中的一份宁静，也正是我们浮躁心灵的一剂镇静良药。最原始的DIY其实让每一个个体的生命在充满灵性的创造中得以升华、永恒，而正是这些个体的丰富组成了人类共同的、博大的文化记忆。

相对于物质性、遗址性、建筑性文化遗产而言，非遗更为鲜活，商业操作的可能性和余地也都更大；而它所涵盖的诸如人类情感、民族文化记忆等层面的东西，通过一系列的落地策略，完全可以转化为有形的品牌价值，进而为企业创造利润。在产品严重同质化的今天，非遗无疑是为这类产品推开了一扇差异化的大门。但能否顺利跨过门槛，则取决于企业的操控力和执行力。如果非遗只是概念，却不能落地，那么企业就无法借此获得优秀的经济成果。当没有一个有效的策略和一个合适的途径可以让其转化为可赢利的价值时，荣誉都可能是一个虚幻的概念。只有解决了文化落地问题，才有可能赢利。

可以把这种通过非遗物质化的产品通称为"非遗产品"。企业可以通过产品差异化设计，将非遗进行符号化创意，并应用在产品包装上，打造高品质的非遗产品；也可以通过召开非遗文化研讨会，以会议营销展开公关攻势，让更多的目标客户和消费者知晓其文化价值和产品特色。当非遗完成产品化之后，亦可通过定向品鉴会，向政府、企事业单位、经销商等客户传达产品信息，推动销售增长。

非遗产品传递的审美价值必须要符合消费者心理需求，符合时代要求，就与潜藏在消费者内心深处的人性真理产生了共鸣。走时尚路线，就必须对与品牌关联的目标消费群的状态进行整体分析，并在产品、品牌、消费者三者之间找到一个符合消费者心理需求的品牌定位，并赋予品牌独一无二、引人入胜的形象和内涵，且在此定位的基础上进行整合营销，以占领消费者的心智空间。

过去，一些非遗项目被看成是"土""没品位"，现在这样的观念需要改变。这些非遗项目体现出的，才是真正的中国风格、中国气派和中国精神。非遗存续传承的实践过程，一部分体现了纯粹的精神生产，如歌舞、口头创作等，还有一部分，如手工艺等，不仅仅包括精神生产，还具有物化形态的成品。这一类的非遗形态，同样具有情感培育、社群认同、文化承载功能。

民间技艺的手工制作过程本身就是一种非物质文化实践活动。民族性格、传统文化、制作者的个人文化创造和情感投入，最终会物化到这种实践活动的成品中。正因为如此，我们看到仿品、看到批量生产的工业产品，就觉得完全不是那么回事。涉及传统技艺和传统医药的药物炮制等类的非物质文化遗产项目，都是在生产实践中产生和显现出来的，其物化的成品可以流通，广大民众通过拥有和消费传统技艺的物态化的成品，来分享非物质文化遗产的文化蕴涵。民间技艺的传承人也只有在生产实践中才能真正实现对这一份宝贵非物质文化遗产的保护和传承。

核心技艺保护是非遗生产性保护最重要的原则。需要生产性保护的非遗项目，在相当长的历史时期都是手工操作的，而且有些制作过程始终难以被工业生产替代。手工技艺体现了这些非遗项目的独特性。

在非物质文化遗产生产性保护工作中，经济效益从来不应该是我们着眼和追求的目标，过分追求经济效益必然会伤害非物质文化遗产本身。表演化和商业化倾向是真正意义上的非物质文化遗产保护的大敌。

一定要克服急躁的、冒进的心理，生产中不能一味追求经济利益。文化的传承需要有些耐心、有些等待，有时候还需要一些寂寞，可能还会有一些孤独，但是我们一定得要坚守住这个阵地，坚守住这个底线。非遗对生产性产品的自身的品质也需要提高，不能总出一些粗放型的产品。除了要保持传统的核心技艺和工艺流程以外，还要引入一些现代的设计理念。但同时非遗的生产性产品，不能一味地追求高端，不能成为普通老百姓完全望而却步的一个奢侈品，因为它一旦远离民众生活就背离了我们的保护初衷。

二、非遗的创意社会价值

非遗不是单独地作为一种意识形态而存在，它通过相应的物质载体表现出来，隐含在物质后面的宝贵的精神内涵和历史传统体现了它的独特价值。如剪纸，它的价值不仅仅是被剪出的美丽精致的图样，而是作为剪纸主体的这位传承人在剪纸过程中的技艺，尤其是其信仰、审美习惯与习俗传承等诸多特点，以及这幅剪纸反映出来的时空环境和民俗功能。也就是说，一幅剪纸背后的社会文化价值最值得人们关注。

（一）作为民间知识与信仰的非遗

非遗的属性是文化的，它反映着我们的思想情感、道德观念、信仰意识、价值取向、风土人情和民俗文化，寄托着老百姓对理想生活的美好追求，是历史的积累和文化的积淀。非遗的本色是民间的，非遗生于民间，长于民间，存活于民间。民间文化是老百姓和民间艺人创造的，反映了老百姓的心声，重在自娱娱人；民间文化是口口相传、集体参与、变化万千的，有着非常强烈的地域特性和个性主题及现实愿望。

非遗是民间知识与信仰的综合体现，由于它的民间性，现代以来一直没有得到应有的社会地位。一般人们都认可通过学校教育得到的知识传承，而民间传承则是通过口传心授、耳濡目染等方式传承下来的。这种知识体系不同于学校教育或正统教育，它实际上是民间社会存在、发展和壮大的精神土壤。

传统手工艺的传承最能体现民间知识与信仰的精神与内容。传统手工艺不仅仅是遗产，也是一个创造财富、创造生活的过程，特别在这个资讯和技术越来越便捷发达的时代，本土化的技艺格外有意义。它不同于机械化地复制和模仿，它创造和表达的是真正属于我们这个民族的美感和语言，是文化的根脉。如果把这些东西与基础教育、文化产业结合起来，我们的民间手工艺将更有生命力，这是一种智慧的传承。不能只把传统手工艺作为遗产，必须使它活在当代社会生产和生活中。

在历史上内联升传统手工艺一直是口传心授，被选为学徒，对于以此谋生的制鞋者而言是莫大的荣誉，但随着时代的变迁，找到一个有心学习的学徒不容易。这种困惑普遍存在，究其深层原因，乃是人们不承认民间知识与信仰的社会地位，觉得不是"正途"，不能与学校教育平等看待。对待民间知识与信仰的认识态度，是保护非遗的关键。多年来我们总习惯于把属于民间信仰范围的种种文化事象简单归为封建迷信，在非遗产项目的认定与名录评审过程中，那些被误认为是封建迷信的"非遗"项目被拒之门外。但如果换个角度，把非遗作为民间知识与信仰的代表，本身就与学校教育不同，经过现代学校教育的专家们对于非遗很难具备真正的"资格"认定，情况就会有所不同。因为这是两种不同的文化价值体系，不能厚此薄彼，数典忘祖。

（二）作为民族文化传统的非遗

为了社会的可持续发展，为了人类文化的多样性发展，传统文化特别是民间传统文化显得尤其可贵。抢救和保护民间文化遗产，继承和弘扬民族文化的优良传统，成为许多人的共同心声。作为民族文化内容重要载体的非遗，是建设具有民族特色的现代文化的基础，也是中华民族对世界文化的丰富和贡献。

随着全球经济一体化、城市化进程的加快，许多传统文化、技艺失去了生存环境。一些仍存留于民间的非遗也存在着简单化甚至扭曲化的现象，如很多地方的店会、赛戏规模日益缩小，甚至消失。传统节日端午节、中秋节也几乎只剩下了吃粽子、吃月饼，人们逐渐淡忘其他丰富多彩的节庆形式，民族特色随着非遗的淡出也越来越淡。

在社会常识中，人们一般认为传统文化只保留在典籍、文物和建筑这些有形物质中，往往不是很重视无形的传统文化，特别是以非遗为代表的民间文化。尤其是有些非遗项目往往附加上了一些神秘的或者迷信的内容和色彩，更加使得人们把这部分非遗看作是腐朽、落后的东西，无形中影响了对其文化价值和科学价值的认识。

另外，一些地方注重非遗的经济价值而忽视了非遗的社会文化价值。申遗成功往往是大规模旅游开发或生产性开发的前奏，是促进当地经济发展的一种手段。一些地方为了迎合游客的欣赏趣味或市场需求，对传统表演形式或技艺随意改动，有的为了迎合游客趣味，还加入了不健康的内容。这些过度包装的商业开发不仅没能保护非遗，反而使其珍贵的文化元素消失殆尽。

导致这些情况出现的原因在于人们还没有真正意识到非遗的社会文化价值。作为一种民族文化传统，非遗对构建我们今天的生活仍然有重要作用。

农业社会中的庙会、花会等民间文化活动，不仅是一种热闹娱乐，是繁忙劳作之余的放松与狂欢，也是百姓日常生活中习得的各种技艺的展示与交流，是彼此之间文化的认同、凝聚与再创造。这些富有沟通、创造、欣赏、健康、娱乐等价值理念的活动方式恰是生活节奏紧张、身心俱疲、精神无依的现代人所需要的。一些传统技艺、文化空间、岁时节令蕴涵着丰富的有关生活、生命、宇宙自然的知识，是先人应对困境与挑战的智慧的结晶，可以给今人面临的生存状态和困境以多方面的启示，也是构建当代民众精神生活需求的文化资源与要素。当非遗的社会文化价值与意义被人们理解或认同时，很多传统文化技艺都可以逐渐重新融入人们的生活。

山西醋工艺，不仅仅是一个传统工艺的保存问题，它同时也有非常多的民族习惯、民族传统和民族情感在里面。外国人不太会习惯中国的陈醋，中国人也不太习惯吃洋醋（白醋）。运用传统技艺生产出来的陶瓷和其他的工艺品、民族医药制品，乃至于我们传统的食品、茶叶等，所有的这些都是传统技艺的体现，我们看到的是外在的那种物化了的对象，但实际上是包含有文化内涵，而这种文化内涵也深深地蕴涵着我们自己的民族情感。

尤其需要注意的是我国少数民族的历史文化传统，大都存留在少数民族的非遗中，非遗是少数民族文化传统的历史记忆，他们在历史的发展长河中，创造出了丰富多彩的非物质文化遗产，堪称人类历史上宝贵的精神财富。然而改革开放后，随着现代化进程的加快，少数民族非遗受到越来越大的冲击，一些依靠口授和行为传承的文化遗产不断消失，许多传统技艺濒临消亡，大量有历史、文化价值的珍贵实物与资料遭到毁弃或流失境外。

第三节　非物质文化遗产的产业价值

非遗不仅需要抢救，需要传承，也需要技术的创新和文化的创意。将非遗转化为创意产业，可以创造产业价值，同时因其在当代社会被持续生产和消费，不失为一种生产性方式保护。我们提倡传统技艺的"生产性方式保护"，就是要使手工艺介入到当代物质财富的创造中，而不仅仅是一种技艺表演，只有这样，才能真正实现保护目的。生产性保护和传承的关键就在于要创新，让其能提升人们的生活品质，融入老百姓的生活中，这样能找到保护传统文化的根基。非遗走向创意生存之路，是一次从小众化到大众化的转变。不仅需要发扬其内在的文化支撑，更需要遵循市场规律，将传统技艺与时尚创意、技术资金、市场营销等完美结合，才能提升产业附加值。只有"一手坚守传统，一手握住现代"，才能让这些产品赢得越来越多的人，尤其是年轻一代的喜爱，在现代市场竞争中占有一席之地，从而更好地传承、传播非遗。

每个城市都需要自己的文化传承，保护有地域特色的非遗，一方面可以树立城市形象，另一方面也是发展文化创意产业的最好方向。非遗经过文化创意产业的继承、发扬与应用，将不再曲高和寡，而是以一种更平易近人的方式出现在日常生活中，成为文化生活的一部分，受到更多群众的喜爱。这样遗产才能真正地复活，才是对它们最好的保护，才是弘扬传统文化最有效的措施。文化创意产业将是非遗面临的最好机遇，以此向人们传播传统文化信息，培养他们的情趣与审美情趣，把视线更多地投向非遗的保护与继承。希望通过非遗与文化创意产业的结合，将传统文化元素作为特色文化创意产业中的重要资源，在文化产业链上游形成独特的优势。

全球化时代，一个国家的综合实力应包括硬实力和软实力，其中，文化是决定一个国家软实力的重要资源，它源自一个国家的文化、政治观念和政策的吸引力。文化软实力的实质是一个国家或地区文化的影响力和牵引力，能够通过文化资源的创造性利用和传播，对其他国家和地区的价值、理念和行为产生影响的能力。文化软实力一般通过文化资源转化成经济资源得以具体体现。

一、非遗与创意美术

利用非遗进行创意美术创作，并由此形成一条创意产业链，这在黄岛区是活生生的事实。黄岛区的年画、剪纸、编织等非遗项目，如今成了地方名片，不仅仅是非遗，也是农民增收致富的法宝。很多乡镇创业项目都跟当地非遗有关，如红席之乡泊里镇、钩编之乡藏南镇等。这些手工制品产业投资少，风险小，可以不出家门不离乡，又无年龄学历限制，有利于农民扩大就业增加收入。当地政府因地制宜，相继成立了青岛泊里红席专业合作社、胶南钩编艺术协会和钩编专业合作社等，组织农民参加农博会、世博会等大型活动，并设立专项研发基金，组织技能大赛活动，聘请名家名师对众多从业人员进行辅导。

黄岛区培育了美术品及相关产品产业，以达尼画家村、绿泽画院、墨泽文化创意、山川融园、西海岸书画城等为龙头，以油画、年画、国画、剪纸等为主导产品，集创作、生产、制作、交易、培训、旅游为一体，形成了一个庞大的生产集群，形成了从画框、画纸（布）等初级产品生产经销，到作品装饰、交易、人员培训等逐步完善的美术产业链条，涉及油画作品、国画书法、民间绘画、根雕石艺等众多门类，文化产业附加值逐年增加。

浙东地区的一些非遗项目，如宁绣、传统剪纸等，都可以进行创意美术转换，从而实现创意产业发展。

二、非遗与传统手工艺创意

悠久的手工艺传统使得各个地方都有其代表性的文化手工艺民俗产品。这些手工艺品最具开发价值，是创意产业不可多得的内容来源。

传统手工艺分为两种：一种是实用型，一种是娱乐型或鉴赏型。它们都有一个共同特征，那就是参与性都很强，与来自农业社会普通百姓的日常创造并称为日常生活的一部分。

实用型的手工艺一般又可以分为饮食类、衣物类、日用品类三种。如杨梅制作技艺、红帮裁缝技艺、虎头鞋制作技艺等。这些手工艺在现代社会生活中其实还是可以发挥作用，关键是要看怎样制作，通过何种方式进行规模生产。红帮裁缝技艺的新生就不用说，如土布制作工艺，现在的土布又成为一种"时尚"产品，将土布进行现代科学工艺整理，出人意料地受到一些欧洲国家（如德国）的青睐。一些古老的饮食制作工艺，尤其是土生土长的饮食，日益受到都市居民的喜欢。至于古老的日用品，虽然跟不上现代生活节奏，但可以作为一种"文化产品"，成为人们的鉴赏对象，还可以在现代设计行业领域改头换面，成为时尚工艺品。

传统手工艺可供开发的项目很多，从目前已开发成功的案例来看，有一条可行的价值链。

第一，选择适合现代社会生活需要的项目。手工艺品总体上分实用和鉴赏两类，现在传统文化回归，人们对于古老的生活方式及其产品有了不同的认识，这是机遇之一；即使是现代中国人已经"淘汰"的产品和工艺，在外国人看来，却是极为"新鲜"的，这是机遇之二。这两个国内国际市场就是开发的前提。

第二，必须提高工艺，利用现代科技整合原有的手工技艺，但又必须保持原有的手工制作本色。"手工艺"是一个根本的"卖点"，坚决不能丢。

第三，利用现代营销手段，推销自己。好的营销手段可以改变人们的看法，接受产品传递出来的文化价值和实用价值，同时一定要做好品牌。

第四，为了确保现代市场需要，作坊式生产已不能适应，但是手工艺产品又不宜机械生产，因此，可以采用"公司＋农户"的模式，扩大规模，建立现代管理制度。

第五，充分利用传统手工艺的文化内涵，延伸产品的文化价值链，弘扬民间文化，建立各种相关的手工艺基地，既方便生产，又可以开发旅游业，深度发掘手工艺的文化价值，将传统手工艺做成一个文化产品，将之基地化、产业化。

第四节　非物质文化遗产的创意价值

一、美术类非遗的创意价值

中国民间美术是一种包含民族情感和民族气质的艺术形式，体现着传统民间的审美思想和美学观念，是中华文化传统的重要组成部分。民间美术分类繁多，有剪纸、年画、风筝、木偶、蜡染、扎染、绞染、彩印花布、刺绣、织锦、皮影、泥塑、面塑、花模、灯彩、砖雕、石雕、木雕、泥模、土陶、花资、香包、布老虎、面具等，各具特色。其中的剪纸是一种精湛的艺术，是民间美术意义和价值的集中体现。此外，年画、风筝、木雕、刺绣、皮影戏等都是当代盛行的民间美术文化。民间美术是古今艺术沟通的桥梁，也联系了各个地域的民族特色元素。民间美术兼有物质和精神双重作用，并渗透到生活的各个方面，关联着千家万户的日常起居、岁时风俗、人生礼仪，它在美化、充实和丰富生活的过程中，以哲理、境界、智慧潜移默化地影响着人们的思想，陶冶健康的美感，培养高尚的情操，鼓舞着人们的进取精神和开拓精神。

当代国际文化交流日益频繁，各民族本土文化受到冲击已经成为一个世界性的问题。我国民间美术作为中华民族精神与情感的活泼载体，既是民族特征的直接表现，也是民族凝聚力之所在，更是树立我国在世界民族之林独特气质的重要方法与途径。民间美术既是艺术之源，又是艺术之流。千百年来，中华民族形成了重自我、重感情的造物观，而民间美术就是这种感情的最好体现，传承和发展民间美术，将其与创意产业结合起来，充分发挥民间美术在创意设计、民俗文化产业等领域的重要作用，激活民间美术传统，使之成为当代中国的精神和情感新载体，已成为一种现实的历史责任。

现代设计艺术根植于民间美术。我国原始社会陶片上的刻画符号、图形、文字，以及商周青铜器上的族徽标志等，在甲骨文、金文中予以充分利用，可以看作是现代设计艺术的起源。现代设计艺术源于原始艺术，与民间美术有着千丝万缕的内在联系。在当今时代，将现代设计与民间美术形式相结合，是继续传承和发扬民间美术的必经之路。现代创意设计艺术要坚持走本土化和个性化发展路线，只有这样才能在国际设计舞台上找对位置。在全球化发展时代，各民族的文化差异，使得审美标准也发生差异，设计本土化之路困难重重。将各民族美学传统精神与现代意识相结合，是设计师应该遵循的原则。

现代设计与民间美术息息相通。民间美术的艺术元素在现代设计中的运用，能够为现代设计艺术语言注入新的生机。民间美术与现代设计有诸多不同，但在本质上都体现实用与审美的结合，而且常常是实用性占主导地位，其内容也一般都由文字、图形、颜色及其他装饰性内容组成。但是，民间美术与现代设计都重视审美特质与实用功能的完美协调。在满足实用性的同时，还要求合乎视觉规律，产生形式美感。

民间美术凝聚了一代又一代民间艺人的辛勤汗水，无论是造型、寓意还是表达方式都值得现代设计师学习和借鉴。譬如，民间美术中夸张、变形的表现方式，贴近生活并具有丰富的想象力，可以启发现代创意设计者运用作品的寓意性及其形式，塑造现代设计师的思维与创造能力。

要将民间美术运用于现代创意设计，不能简单地模仿和照搬，要能去粗存精，使得民族文化内涵与现代设计理念结合，找到传统与现代的平衡。首先，要突出民间美术元素的写实感，以简洁的现代设计语言，运用具有传统文化意味的元素，将传统文化元素作为现代设计的视觉中心，言简意赅地表达设计主体。其次，要让写意成为现代设计的抒情旋律，如用简洁明快的水墨来表现主题，能形成一种具有诗情画意的抒情。

（一）美术类非遗造型与现代创意设计

中国民间美术造型的基础当属阴阳观念及其形式，突出表现是民间剪纸的造型方法，常见的有阳剪法、阴剪法、阴阳混剪法，在现代创意设计中，这种虚实阴阳空间形式已广为运用。用民间阳剪法进行创意设计，可协调画面空间，精简形态，使形态更加完善精炼。如果能对实形进行充分的运用，更能提高设计的意味。阴剪法利用图与底的视觉转换，也就是正形与负形的互换，在同一画面中表现出双重物象来。为了让受众产生深刻印象，可以将同一物体做两种截然不同的视觉表现。不管是实形还是虚形，根据作品的需要，关键在阴阳结合的"巧"字。民间剪纸中虚实的充分利用，使视觉有不同的体验，关注底图的时候，实形就成了虚形，反之亦然。在创意上以虚形为实形，实形为负形，应用此规律增强它的表现能力，使图形更趋于完整。虚形和实形能冲破时间、空间的界限，注入人的情感。作品中每一个局部都要服从于整体，并善于将作品辩证统一起来看。

我国民间美术造型典型地体现了传统文化中心观念中的太极阴阳学说，在具体造型形态中讲究硕大丰满、完整团圆、对称偶数、黑白辩证、阴阳相守、动静结合。太极图阴阳合抱，阳刚与阴柔美对立统一，是民间美学造型表述的典型图形。其中，曲线圆润、优雅、活泼，是富有方向感的造型元素，富于艺术性和人性味的情趣。它的艺术表现力，能够真实而又本能地表现设计意念。传统太极图案表现在民间美术中，是以"喜相逢"的形式出现的，该图案象征着成双成对、相互追逐、旋转不已、生生不息的美好形象。

中国民间美术中反映时空、宇宙意识的图式有着独特的审美价值，它常以别出心裁和出人意料的画面，表达作者对宇宙时空、对自然的特殊感受和理解。这种时空综合性造型是在二维空间中，统筹视觉对象的位置、比例、相互关系。简而言之，就是把不同时空的物体，进行拼贴组合，将一种形象与另一种形象组合在一起，取而代之的是一个全新陌生的形象。这类造型一方面来自生活经验，另一方面来自作者的特定创意。由于时空错乱，不可能变成可能，时间不再是一维性的流淌，而是变成多维的运动或静止。造型组合看似无序，但实际上构成一个整体，形成一个或几个层面上的东西，能传递更多的信息量，具备独特的形式美感。

民间美术广泛运用意象造型法，将意象化的图形显现出来。意象造型的理念是以隐喻、象征的方式表达它所内含的意义。比喻式意象造型强调独创性，通过比喻的运用，对来自生活中的创意元素加以创造性的改造。民间美术造型中的象征，蕴涵着人们对世间美好事物的祝福、期盼和愿望，潜藏着群体智慧、本体意识和民族精神，凝聚着善的意识和美的追求，传承着吉祥文化意蕴。譬如民间剪纸造型背后，往往内涵丰富，吉祥淳厚。这种意象造型在平面设计中大有可为，设计师可以通过艺术手段与技巧，体现民间吉祥文化的意象造型。

（二）美术类非遗的色彩语言在现代创意设计中的应用

民间美术的色彩既是审美性的，又是文化性的。其色彩视觉含义，已被转换成一种特殊的文化理念。民间美术色彩在现代设计中，将体现具有民族特色的艺术设计形式及审美心理，更容易为公众接受。

创意是设计的灵魂，创作者要竭力寻找最佳艺术形象来表达主题，最大限度地与观众产生共鸣。在运用民间美术色彩时，应积极探索民间色彩中能与现代设计产生共鸣的元素。民间美术喜欢用色彩传达文化内涵，这给现代创意设计以极大启迪。在现代设计中可以借鉴民间美术中各种色彩搭配，如红与黑、红与绿、红与黄等，可以形成色彩特有的视觉张力，传达出隐含的大众审美喜好，与大众产生情感共鸣，形成具有本土文化特色的现代设计。近年来在现代招贴设计中大量出现鲜艳色彩，就是吸收了大众的喜好，反映出民间美术色彩的视觉效果及需求心理。

"中国红"是中国传统色彩的一个显著标志，给人一种积极热烈的视觉心理反应，同时也是吉祥、喜庆的象征性语言，在中国传统节日或者具有国际影响的活动中被广泛运用。现代设计师也常借用大面积的红色来反映设计的象征性，如中国的国旗使用了大面积的红色。在体现传统、民间、国粹的创意中，设计师们大量借用民间美术的色彩，获得良好的视觉效果，在室内设计、网页设计、工业设计、服装设计中，红色也被设计师运用得恰到好处。

民间美术色彩纯净、简洁、明快，在现代创意设计中能产生情感效应，它能在读者心里产生一种认同感和心理共鸣。例如，京剧脸谱的色彩运用，基本上也是利用五色来创作的，利用了色相的装饰性，反映了中国传统色彩文化的许多方面。冷暖对比是民间美术运用较多的一种表现手法，以冷暖差别组合形成的对比就是冷暖对比，冷暖是相对心理反应而言的。民间风筝的色彩使用时就是冷暖对比的方法，在现代设计中色彩也得到丰富运用。此外，利用色彩联想的特征，对现代室内设计有很好的借鉴作用。例如，在餐厅中，多使用橙色或者黄色会使人联想到美食佳肴，产生食欲。这种主观性的色彩调配蕴涵着传统色彩观念对大众的精神需求，给创意设计以启迪。近年来，现代设计的创意也都趋向运用传统色彩，在潜移默化中对大众进行有效的心理渗透，成功的色彩计划表现为对观众色彩审美心理正确地定位与把握。

现代创意设计巧妙借鉴传统色彩并赋之以新意，会形成高层次的色彩效果，并且使作品含有某种特殊的含义。每个民族、每个国家、每个时代都有自己传统的色彩组合，它表现出不同民族与时代的特征，那些典型的色彩组合都带有了某种色彩象征的意味，承载着浓厚的地域性和民族风情气息，使受众在心理上产生亲近感。设计者应根据创意所需，有目的地汲取精华。

艺术上的形与色相互依存。民间美术色彩通过一定的图形得以体现，色彩也能突破图形而成为主角。在套印准确的民间木版年画中，线只起分界作用，颜色往往担当支架，这是"以色扶形"的章法。因此，在现代创意设计中，设计师也可以将民间美术色彩结合创意图形，创作出独特的创意作品。民间美术中的造型具有隐晦或鲜明的寓意，是一种有特定内涵的艺术造型符号，这些造型与色彩有效结合，形成独特的民间艺术样式，在现代创意设计中大有用处，尤其是在招贴设计领域。

此外，将民间美术色彩与独特的文字意境结合，将呈现独特的设计语言形式。我国文字不仅仅是作为信息传递的符号，同时又有很强的装饰性。汉代已经广泛运用文字作为装饰，形成了一种文字"吉祥图案"，如"长乐未央""延年益寿""富贵"等，还有民间流传的"花鸟字"，吉祥"寿"字、"双喜"、倒"福"和"千寿图""百喜图""百福图"等。这些装饰文字在铜器、漆器、陶器、丝织和建筑砖瓦上广泛运用，并成为一种传统。传统吉祥文字大多以红色为主调，烘托出吉祥喜庆的气氛。将民间美术色彩与现代创意字体巧妙结合，可以表达出独特的审美风格和价值观念，激发大众情感与理性思维，并能够为大众主动接受。

中国民间美术色彩曾经无比辉煌，具有永恒的魅力，也根据艺术规律不断变迁。我们应在理解中国民间美术色彩的基础上，大胆运用新视角进行色彩创意，不断丰富和提升现代设计的色彩，使现代设计在色彩上实现新的创造。

（三）美术类非遗与现代设计的民族化道路

我国的现代艺术设计起步较晚。传统上只有工艺美术，改革开放以后现代艺术设计的观念、理论及其实践才刚刚开始。西方发达国家早在工业革命后期，就建立了艺术设计体系，注重把"艺术与技术""艺术与生活"结合起来，并将艺术设计的思维和理念用于建筑设计、环境规划设计、工业产品应用造型设计及平面视觉传达设计等方面，产生了重要作用。

中国的现代艺术设计，一直都在追赶世界潮流，从理念和实践形式都力图与世界接轨。在此过程中民族文化传统一再失落，已经引起了有识之士的忧思与奋起直追，现代艺术设计必须走民族化的发展道路，必须果断地抛弃简单的"拿来主义"，从理论体系到实践成果构建现代创意设计文化。现代艺术设计的民族化，将形成新的设计语言与形式，而民间美术中则是取之不尽的创意源泉。现代艺术设计理论应具有民族文化内涵特征，体现中华各民族风格，这就必须以民间美术为基础，重视向民间美术学习。

民间美术具有原创性，风格淳朴，个性独具，是一种毫无矫揉造作的原始艺术形态，内涵丰富的人文精神和鲜明的民俗意识，可以促进现代艺术设计的觉醒。民间美术的原生原始状态，与现代艺术设计的功能主义和构成主义风格，有诸多相同之处。譬如，民间美术具有极强的简洁的艺术表现力，通过删繁就简强调主观艺术感受，这与现代艺术设计的"纯化形态，以少胜多"的创意理念相通。而民间美术在表现客观事物时，注重事物的本质特征，善于用夸张变形的手法表现事物，这在现代创意设计中可以开启设计师的想象能力，增强创意思维。在形式美领域，民间美术善于处理点、线、面及色彩，把不规则的形象组织整齐，使之形成一种和谐秩序，这种形式美感在现代创意设计中有助于构成形式的创新。此外，民间美术善于表达装饰美感和象征性，而现代艺术设计也非常重视通过图形的象征性传达信息，两者在表现创意形象内涵的功能性上是相通的。

中国民间美术的艺术形式，是民族文化心理特征的反映，是人们在道德规范与审美理想上的精神追求。民间美术的视觉语言、造型元素和艺术形式，为现代创意设计民族化的发展提供了丰富的营养源泉。民间美术的艺术形式，有很多可以用于现代工业设计、产品设计，我们应将民间美术融入现代设计中，譬如将民间陶塑、民间玩具、民间雕塑等融入现代产品设计或工业设计等行业，继承和发扬民间美术的文化艺术传统。譬如通过变形处理，利用现代工业材质，可以将民间石雕中的石雕玉龙设计成高档打火机等；又如石雕环形碧玉龙，可以选择性保留其古朴的艺术造型，利用现代工艺制作成哑铃；还有彩绘陶罐等，如果将其制作材料改变，保留其精美的图案及造型，可以设计成水壶、餐具，或者垃圾桶等产品。

此外，我们还应将民间美术教育的范围扩大，将民间美术的传承与发扬普及化。将民间美术教育广泛应用于学校教育，在高等院校成立专门的民间美术研究机构，理论联系实践，促进民间美术教育的发展。

二、工艺类非遗的创意价值

传统手工艺品及其技艺作为一种艺术形式和文化象征在现代社会重新获得了新生。人们意识到，"传统的手工技艺以其独特的工艺价值成为一种地方文化的象征而被人关注，这是一种文化的转型，是一种后工业文明的特征"。传统手工艺品不仅仅是作为生活用品，它还具有审美功能，在"异化"的现代社会中闪耀着人文的光辉。传统手工艺作为一种以手工操作为主的生产方式，其生产规模、加工方式必然会被先进的技术而取代，其中一部分必然要从生产实用品的范畴里逐步退出来而转向艺术性、审美性的方向发展。

现代人利用传统手工技艺，结合现代生活，可以创造出具有文化内涵和时代特征的文化用品，满足人们对于传统的怀念和人文艺术审美，提升精神生活层次。因此，传统手工艺将作为一种文化创意产品，具有极其广阔的发展空间和巨大的经济价值。

（一）传统手工艺的回归

当前我国经济发展水平不断提高，物质生活日益改善，与此同时，人们在使用现代机械制造产品的时候，越来越具有批判意识，对久已消失和正在消失的传统手工艺品充满了怀念。但传统手工艺品的回归，不是传统生活方式的回归，更多的是一种人文艺术修养的需要，是精神生活的更高要求。

1. 艺术与技术结合的生活方式

传统手工艺的回归潮流，意味着技术和艺术的重新统一，也是物质和精神的重新结合。劳动用机器代替了手工劳动，但是使一部分工人回到野蛮的劳动，并使另一部分工人变成机器。劳动产生了智慧，但是给工人产生愚钝和痴呆。

现代机器生产对于技术和效率的追求使得劳动仅仅作为一种生产方式，在某种程度上造成了身心的分离。现代社会无视它们的对象嵌入社会的方式，用包装代替了一种内在的审美技巧，对技术的意外后果给人类和自然产生的影响漠不关心。各种系统的危机就源于这种技术、道德和审美的人为分离。随着现代社会经济发展弊端的不断显现，人们重新呼唤技术和艺术的统一，科技和人文的结合，技术美学、科学人文既是对技术理性的批判，也是对人类本性的回归。

传统手工技艺是一种结合艺术和技术的生产方式，它将制作对象情感化，把人的思想和感情倾注在了手工艺品上，因此手工艺品以个性化的、特有的色彩、线条、图案等显现出一种独特的审美趣味，也成为日常生活的一部分。手工艺品的制作对于原材料的要求很高，不得随意浪费材料，它必须顺应自然才能取得和保存优良的原材料，因此手工生产方式是一种自然化的生产方式，这和现代大机器普遍造成的污染形成鲜明的对照。

现代工业生产将人异化为"机器人"，不是要求工人在工作中表现其个人的能力，而是强迫他们否定自己的人性并像机器人那样做着重复简单的劳动，人们在自己的工作中不能表达他们自己。但手工生产不同，手工直接发于心灵、大脑，无须中介，转化于它能，因而最能表达人的精神方式私欲情境，正由于手工的这种贴近心灵、人类最本质的劳动方式成为体现和保障人的创造力本质的根本方式，而长存于人类的生产过程和生活方式之中。

可以说，传统手工生产是一种身心合一的生产方式，在某种程度上可以促进人的全面发展。手艺人做每一件东西都需要很长时间的积累，所以每学一个手艺，其实学的是人生本身。他要学习他的师父是怎样对待人生的，是怎样生活的，所以学手艺的过程就是学人生的过程，它记录了一种人的活法，是一种人生的哲学。不光是人生，还有对物质的审美也是在不断的磨炼中养成的。当机械化出现了，当计算机出现了，需要人身体参与的成分其实就少了很多。

发展传统手工艺品，显然不是要用手工艺生产代替机器生产，更多的是一种文化传统的回归，是一个"如何重新面对生活、如何重新面对自然、重新面对不同的文化传统、重新面对不同民族的历史传统等新的文化观念产生的新问题"。经验证明，推动传统手工艺与文化创意产业的结合，是一条行之有效的道路。现代社会太讲究速成，忽略了传统手工艺的价值。其实任何一种手工艺的形成，背后都有巨大的积累，包括时间和心血。人在面对传统工艺时应该更加谦卑，懂得珍惜，懂得尊重。现代人的生活很匆忙，几乎没有时间来思考真正的问题，但是手工艺能够让生活节奏慢下来，在创造性的工作中重新唤起思考，让人体会到生命本身的快乐。

通过手工艺，一种独特的文化传统与生活方式重新归来，并赋予物品乃至奢侈品更多的文化内涵。传统手工艺让人们能够真正拥有物品，拥有真正有价值的物品。

2. 手工艺的发展环境与传承

手工艺的发展离不开环境、原材料和传承人。环境很重要，尤其是时代氛围。传统的手艺人对他们的技艺引以为豪，做东西的过程是一个享受生活的过程，他们能从劳动中得到快乐。但现在不同了，一方面是手艺人本身觉得手艺落后，另一方面是年轻人觉得没有前途，生活很枯燥。当今媒体发达，网上购物也很方便。如果媒体能够营造一种手工艺人发展的环境，让手艺人体会到社会的需要，他可能会对自己的手艺有新认识，就能获得真正的发展。要让全社会都来关注手工艺的发展，形成社会共识，尊重手工艺人，尊重他们的生活方式，才能保证创造出良好的发展环境。

传统手工艺的社会关系比较简单，艺人与顾客建立起直接的关系，彼此都很信任。其生产关系一般都是前店后厂，手艺人一边干活一边做生意。他的技艺提高有两个重要途径，除了师父指点，还需要顾客。没有顾客的手艺，或者只沦为观赏的手艺，很难长久。手艺人的学习标准与现代不同，教育模式也与学校教育不同，他要在与师傅的共同生活和工作中学习，在实践中学习，靠长期观察和领悟才能学成。聪明人、好走捷径的人往往学不好，这与学校里的评价标准不同。手工艺的学习是终身学习，不能懈怠，一旦偷懒，就会反映在手艺品上，骗了手艺人的手。手工艺人本来就是坐"冷板凳"的，一旦受到追捧，就可能出现另一种情况。常常见到一些手艺人被新闻媒体报道后，顿时身价倍增，在他周围出现了很多想发财的人，他自己也想着如何扩大生产，这实际上往往会导致手艺人被毁。现在的一些工艺美术大师，小时候都是从学徒做起，经历过艰难，现在功成名就，作品卖得很贵。但是，这不能成为手工艺发展的整体方向。许多手工艺做不到工艺美术这个层次，勉强拔高只会有害无利。

工业化让传统手工艺边缘化，但是过度工业化也让人们重新认识到，传统手工艺不仅能给人以经济保障，而且还能提供低成本创造的快乐。手工艺让人重新回到自然。在与自然的交流中学习创造，与自然建立起开放的关系，在一定程度上可以消解现代社会带给人的倦怠感和焦虑感，这也是中国古典哲学精神的反映。在手艺人的创造中，人与自然是和谐的。

（二）传统手工艺的现代生产组织

我国一些经济发达地区进入了后工业社会，市场需求发生了变化，人们逐渐加大了文化消费，一些传统手工艺品以丰富的文化内涵和浓郁的民族特色成为人们文化消费的新热点，如中国结、民间剪纸、民族服饰、民间陶瓷等手工艺品，蕴涵着传统文化精神和人文情感，越来越引起市场的喜爱。而手工艺品本身也悄然发生了变化，材料、环境和技术都随着时代的发展而发展。

当前，传统手工艺的生产组织形式主要有三种。

1. 手工艺品的作坊式生产

在民间独立生产的手艺人一般有两种：一种是以夫妻店、父子店为生产形式的定点生产，一种是流动的手艺人。流动的手艺人曾经是中国民间一道日常和亮丽的风景，"他们二三人一伙，推着小车，带着应用家具及行李，一县走一县，一村走一村，哪里有活就在哪里做……他们不但制造种种铁器及农具，也给农家修理各种家具"。如木匠、石匠、泥瓦匠等，现在外出打工的农民工，还留存着当年手艺人的风貌。

这些手艺人一方面承担了农耕任务，一方面也是手工业者，拥有娴熟的手工制作技术。但是在现代社会，传统的手工生产难以适应现代社会的发展，材料、环境都发生了很大变化，而民间手艺人的精神修养、文化水平等，也由于缺乏生产锻炼而亟须提升。传统手工艺在现代社会的发展，必须要以市场养生产，以消费促生产，只有在不断的生产中，手工艺的技术水平和文化内涵才有可能得到升华。其中，手工生产的组织形式非常重要，手艺人需要结合生产组织进行转型。

在现代社会条件下，为了健全手艺人独立生产的组织形式，现实可行的是建立手艺人工作室，这是一种"政府扶持"性质的生产组织模式。从国内外发展经验来看，一般都是由政府制定政策，根据非遗项目的重要性等各项标准，评选出不同级别的非遗传承人，然后提供一个相对良好的创作空间和政策支持，让优秀的手艺人安心创作。在非遗保护和传承的大势下，这种做法对于挽救濒临灭绝的手工生产有重要作用。

作坊式生产是当前我国手工艺品的主要生产组织形式。作坊工场从家庭发展而来，当手工生产规模扩大，家庭人手不够时，家庭手工业就向作坊生产转变。手工作坊的规模扩大以后，有些家庭成员就脱离了生产，担负起管理、设计、销售等任务，这种生产组织形式可以实现一定程度的规模化和集约化，比起单纯的家庭生产更能适应现代社会的发展。小型手工作坊基本上是家庭型，为大作坊加工产品，赚取加工费，而大型手工作坊类似于现代公司组织，在业务上有设计开发、生产管理、市场营销等环节，生产技术和组织模式也比较成熟。

就单件制作或有限复制的生产模式，以及材料、结构、工艺等的某些运用手法看，他们具有手工艺人的若干特征；而另一方面，他们又不受手工技艺的局限，普遍采用工业化材料及机械化加工手段，其作品的形式语言、艺术风格与手工艺的传统风貌存在显著区别，因而又接近于工业设计师的性质。这类"设计师——造物人"的定位是一种差异化定位，现代工业生产手段是无法做到的，恰好是手工生产存在的地方。现代化大工业没有也不可能消除所有手工生产，关键是要找到适合手工生产的发展空间。

创意设计是手工生产可以大展身手的领域，也是传统手工艺适应现代社会发展的关键环节。但创意设计必须要以生产和消费为基础、为前提，离开生产和消费谈创意，那就是无源之水、无本之木，只有在生产和消费环节中，产品的创意设计才会鲜活起来。

2. 手工艺品的公司式生产

手工艺品的公司式生产有两个重要特征，一是手工生产与机械生产结合，一是家庭生产与工厂生产结合。也就是说，手工艺品的公司式生产既有传统手工生产的特征，又能适应现代工业生产的一些条件。在这种生产组织形式中，公司是组织者、管理者和营销者。传统手工生产基本上是独立生产，很难进行专业生产分工与合作。如剪纸、编织、织布等，整个制作过程基本上都是手工艺人单独完成。而现代工业大生产的一个基本特征就是生产环节的分工合作，是一种"流水线"生产。两者的结合首先是由现代社会的生产和消费特征决定的。在传统手工生产中，设计、生产、管理、营销与消费都是一体的，不可分割的，但现代大生产的一个基本特征就是从生产到消费环节，都有非常明确的细分。在手工艺品的公司生产组织形式中，手艺人负责生产，而将管理、销售，乃至设计等都可以交给其他人完成。公司根据需要设置一系列部门，如规划部、财务部、销售部等，分别完成各自的工作。

其次，一些手工艺品本身也比较适合公司式生产组织形式，如草柳编、刺绣、陶号豆、雕塑、印染、年画、剪纸、传统玩具、风筝等。山东临沂是"中国柳编之乡"，一些柳编工艺品公司实现了专业化的分工合作，从洽谈业务、开发新品种、编制产品、检验、清洁、美观、包装，乃至种植柳条等，都有专门工人完成，整个生产过程以手工生产技术为核心，但又有现代化大生产的批量化、专门化特征。这种"流水线"生产，将创意设计与手工生产分开了，将传统工艺与现代机械结合起来了，优劣难论，也是一种中国特色。又如刺绣，在传统刺绣中，女性独立完成剪纸花样、配线与刺绣，但现在的一些刺绣生产，采用了计算机印花技术，绣女们根据客户需要在电脑上制作图案，再将图案印在绣布上，然后按图刺绣即可，至于选色、配线等，都交给计算机完成，而客户服务等业务则由其他专业人员完成。

家庭生产与工厂生产结合也是一个重要特色，这种组织形式可以有效利用农村富余劳动力，还可以节约生产成本。公司的主要任务是创新设计、后期加工与包装、市场营销、技术培训等工作，家庭生产则可以利用手工生产的技术特征，完成初级生产。此外，最重要的是家庭生产为手艺人的创意创新提供了可能，为民间工艺大师的出现提供了土壤。

在这种生产组织模式中，中间商起了重要作用。一般的做法是，由公司将生产任务交给中间商，再由中间商交给家庭手工艺人，并由中间商担任生产监督的职责。中间商的存在是由手工生产的特点决定的，有利有弊。一方面，有利于公司和家庭散户降低成本，实现批量生产、灵活生产，满足就业需要等；另一方面，中间商人容易控制家庭手工艺人，将手艺人变为佣工，营利性动机更加突出，有时候也难以保证生产质量等。目前，手工艺品公司在整个生产过程中处于主导地位，中间商实际上为公司服务；此外，很多中间商实际上也是手工艺人，他们可能脱离了手工生产，但也有可能两种角色兼而有之。

3. 手工艺品的集群式生产

手工艺品的集群式生产需要有一定的条件，首先是当地具备该种手工生产的历史文化传统，其次是现存有良好的自然资源和人力资源。此外，国家政策的扶持必不可少。目前，我国传统手工艺产业的集聚区多出现在手工艺资源丰富的乡村。集群式生产是相关产业在特定区域的聚集，一般沿着产业链的上、中、下游分布，由众多企业共同完成产品的创意设计、生产、管理、营销等环节，是一种集群式的专业化生产。集群式生产有利于形成"区域品牌"，增强同类企业的比较竞争优势，提升整个集群的竞争力和创新力。我国现行的手工艺集群式生产主要有两种形式：一种是手工作坊一条街，一种是手工业产业园区。

手工作坊一条街是传统手工生产的重要组织形式，顾名思义，整条街道上都是手工作坊，规模大小不一，但大都以独立经营为主。有的作坊只是销售铺面，有的则是前店后厂。它们或者各自从事同类产品的生产，或者各自加工同一种产品的不同环节，彼此之间是既竞争又合作的关系。手工作坊一条街不仅是生产集群，同时又有旅游功能，以手工艺推动旅游业的发展。苏州镇湖是苏绣传统产区之一，当地政府充分意识到该非遗项目的重要性及发展潜力，修建了绣品一条街，通过一系列优惠政策，如减免管理税费、降低租金等，吸引绣女们走出家门，到街上开设刺绣作坊。作坊内的刺绣生产主要由绣女完成，作坊主逐渐脱离生产，担负起设计、开发、原料采购、产品营销等工作。镇上还有花线店、计算机印花店、木工店、包装店等与刺绣有关的作坊，形成了一个产业集群。现在，镇湖不仅刺绣业发达，而且带动了旅游业发展。

手工艺产业园区是指在一定区域内，以大型手工艺品公司为龙头单位，集合相关产业的各中小公司，共同从事某种特色手工艺品生产的产业区。产业园区一般都有一个或多个核心企业，以此带动众多企业一同发展。简单地说，就是大公司＋中小公司。大公司是手工业龙头，中小公司是专业性公司，围绕大公司展开各种专门服务，如设计、创意、加工、广告、培训、物流等。这种生产组织模式有利于产业化、规模化发展。

上述三种生产组织形式都是"有组织"的生产方式。实际上，我国传统手工艺多种多样，基本上都是松散分布，难以实现"有组织"的生产。为了保护和发展非物质文化遗产，尤其是活态保护，需要成立专门的"传统手工艺合作组织"，通过非营利性机构在乡村广泛地建立经济合作组织，手艺人自愿加入，入退自由。合作组织免费提供技术培训和指导，帮助开发符合市场需要的手工艺产品，贴上统一的"传统手工艺合作组织"的商标销售，并设专门的商店销售，销售利润全部返回手艺人。这种自救式的"组织"生产，有利于保护和发展传统的手工艺生产，保护和发展民族的优秀传统文化。

第七章　商业化对非物质文化遗产的开发与利用

只有在当下还能够发挥相应的功能，由此而具备了足够的受众与市场，非物质文化遗产才能存续下去，否则就只能进行资料保存了。无论是抢救还是传承，目标就是使非物质文化遗产还能够发挥其功能，无法实现这一目标，抢救和传承就是不成功的。因此，确保非遗项目适应新的时代变化，继续发挥其功能，也成为保护工作的主要目的。但是在商业化程度越来越高的当下，非物质文化遗产的功能发挥，在很大程度上就是如何实现其商业价值。对参与这些事务的人和机构而言，非物质文化遗产的现代应用，就是对其固有的文化价值和所具有的资源特质进行开发和利用。而这种开发利用，如何利用商业化的各种优势，同时又避免过度商业化对非遗传承的伤害，成为最大的挑战。

第一节　商业化对非物质文化遗产开发利用的影响

一、非遗开发利用必然要面对商业化

商业化在农业社会的后期，就已经开始。但是工业化加快其发展的速度，并且给予商业化一个鲜明的特点，就是消费的快速化。技术不断更新，导致产品生产速度加快，使用周期缩短，从而在消费上体现为快速消费和时尚消费的特点。在前工业时代，非物质文化遗产功能发挥是在一个相对稳定的环境下进行的，是传承者自然而然的行为，其功能也是相对稳定的。中国大部分传统农具，比如播种的耧车、犁具等，在3000年里的变化都是很小的。但是在农业开始机械化的短短几十年里，各种农具已经在不断地更新换代了。前工业时代，一些非物质文化遗产也会因出现更好的替代技艺而被历史淘汰，或者因为战乱政治等原因而被强力量消灭。但是其消失速度远没有今天这样迅速。快速消费导致在现代社会，即使那些存续状态尚好的非遗，如果不能不断地改变，就会被逐渐淘汰。所以如何适应消费时尚快速变化的特点，几乎是绝大部分现存非物质文化遗产所面临的严峻挑战。

在传统社会中，很大一部分非物质文化遗产对传承者而言是自给自足和自娱自乐的，并不具有商业交换的功能。但是在高度商业化的现代社会，消费主义渗透到社会的每一个角落，逐渐地改变了非物质文化遗产的原有功能。越来越多的非物质文化遗

产成为提供消费产品或服务的生产方式，走上商业化发展的道路。商业化或过度商业化，无可避免地影响到有些非物质文化遗产的良性存续。

对大部分存续至今的非物质文化遗产而言，商业化已经是躲不开逃不掉的宿命，必须要去面对。如何借助商业化的快车来为非物质文化遗产提供更多的存续可能，但又要避免商业化所带来的不利影响，这是当下绝大部分想要存续的非物质文化遗产必须思考的命题。所以在非遗功能的实现中，出现了"合理利用"这样一个原则。非物质文化遗产的合理利用，就是在消费主义盛行的时代，通过各种符合非物质文化遗产传承发展规律的途径和方法，保持非物质文化遗产的良性存续状态，而不是一味被动地卷入消费主义的大潮中，失去其本来的面目与灵魂，甚至失去存续的可能。

二、现代消费趋势对非遗存续所产生的积极影响

如果以一句话来概括现代消费趋势对非物质文化遗产所产生的积极作用，那就是：借助交通信息技术的飞速发展，打破原有的各种限制，为非物质文化遗产提供了一个更为广阔和多样的受众和市场。

（一）打破原有的地域、民族、功能、阶层、性别等各种消费壁垒，扩大了受众和市场

从新航路开辟以来，全球化的号角就吹响了。而后交通技术的进步，让地域限制不断被打破。近年来互联网应用的不断普及，更加快了各种产品与文化之间的交流。而平等、自由等观念的日益深入人心，使得阶层特权不断被打破，性别歧视、地域歧视、民族歧视不断被消除。越来越多的非物质文化遗产的产品或服务进入全球市场，并且不断打破原来在消费上的种种壁垒，在市场和受众的获得上有了更多的可能。

在传统社会中，即使是具有交换功能的非物质文化遗产技艺和表演艺术，其交换也大多在熟人社会内部进行。对一个民族或民族分支而言，就主要在族群内部或几个族群之间进行交换。尤其是乡村和处于交通不便地区的山区、海岛等，这一点就更为突出。所以非物质文化遗产产品即使成为消费品，绝大部分都是在很小的范围内流通。因此，非物质文化遗产在消费中有着突出的地域或民族限制。但交通和信息技术的不断进步，使各种非物质文化遗产的物质交流与信息交换不断快速化与便捷化，产品流通的交通成本和时间成本都在降低，地域或民族的限制在不断被打破。而 21 世纪之后网络销售和快递业的发达，那些深藏在偏远地区或深巷小村的非物质文化遗产不断被发现、被传播，使得其即使在本地失去了实用功能或吸引力，却在异国他乡找到了新的受众或消费者。青藏高原上的藏族工匠织造的牦牛绒产品可以成为奢侈品在欧美的百货商场售卖；贵州黔东南山区的侗族农民可以在巴黎或维也纳的音乐厅里获得热烈的掌声；呼伦贝尔草原上的蒙古族皮具艺人的主要顾客不再是乡里乡亲的蒙古族牧民，而是城市中的青年白领，因为有了微信等即时通信工具，他可以和顾客充分交流来进

行订制生产，微信、支付宝可以实现即时支付，而快递业的发达也使货物可以很快交付给顾客，这一切都可以在这位艺人足不出户的情况下全部实现。所以我们可以看到越来越多的民间手工艺产品通过网络销售平台、发达的快递业而跨越了地区的障碍，获得了新的市场和受众。

而一些民间艺人，即使技艺出色才华横溢，但因为在本地一直都是自娱自乐的方式，所以技艺和才华并不能给他们带来物质上的收益，逐渐失去了传承的热情。但是当民间表演艺术更多引入商业化操作，并且走出本地，找到了更为广阔的市场，他们就可以靠表演来脱贫致富，并且获得了自尊心的满足。除了走上实体舞台和影视等传媒外，各种网络视频平台也为民间的表演艺人展示才艺提供了更多机会。一些曾经过于寻常的手工艺，掌握的人原本只是自给自足的，在当下时代却可以成为一种新的谋生手段。比如蒸馒头、做年糕、腌咸菜这种曾经最为普通的生活技能，却在社会分工不断细化，家务劳动也社会化的背景下，成为谋生技能，以此养家糊口。而网络的发达，使得这些日常的生活技能也可以获得更远地方的顾客。而这些远方的顾客，既有到异地谋生的家乡人，也有少数是曾经到本地的外来人，还有一些是借助网络信息搜索获得的网络顾客。在互联网购物发达的背景下，这些远方的顾客，购到某地的地道特产甚至新鲜产品，已非难事。越来越多的人在网上买到了地道的苗族腊肉、苏式糕团、四川泡菜、广西米粉、内蒙古土豆粉、陕西黄馍馍等。非本地市场的出现，反而成为本地传统生产生活技能得以传承的一个动力。这就使得越来越多曾经自给自足、自娱自乐的非遗项目，本来不具有商品交换功能，但在高度商业化的社会中，功能转变为谋生技能。

在传统社会，无论中外，除去少数处在原始状态的民族或地区外，绝大部分地区都存在着程度不同的等级制度。这种等级制度常常体现在消费上，就是不同出身、阶级、阶层的人，有着不同的消费权利或者限制，并且这种消费限制通过法律或社会观念而固定化，不得随便僭越。例如古代中国，对色彩使用都有众多限制，皇家和寺院才可以用明黄。紫色由于难以获得，在中外各国，很长时间都是贵族专有。在奉行抑商主义的古代中国，商人即使富可敌国，也不能肆意消费。汉朝规定商人不得穿丝织衣物，不得佩刀剑，不能乘车骑马。后世虽有松动，但也还是以种种限制来压制商人的消费，维持重农轻商的农业社会意识。商人之外的平民，在消费上也有种种限制。统治者总是要通过消费特权来强化统治者的尊贵地位，为统治阶层服务的非遗，大多数就是那些材料珍稀、技艺高超或独特稀有的非遗，在非遗的技艺层次上也处于金字塔的塔尖。但是进入近代以来，等级制度随之瓦解，各种基于出身的消费限制也随之崩解。商业社会在消费中的一个突出特点，就是金钱至上。产品的制造者根据顾客需求来制作产品，售卖者按照货币价值来出售产品。对他们而言，买家是谁，并不重要，重要的是谁有钱来买，谁出得起更高的价格。尽管有少数商家，还会从出身职业上选择客户，比如劳斯莱斯轿车，少数款型只供给贵族。但是这种限制更多的只是一种商业运作手段，为的是彰显其在业界的尊贵地位，否则就应该是所有的车都只卖给贵族了。即使少数为皇家贵族服务的店铺字号，也放下身段，拿旧日的尊荣来吸引当下的"新钱"。当然法律地位上的平等，不意味着普通人就有能力消费过去贵族曾经享有的产品或服务。但是这就意味着在新财富阶层出现速度不断加快的时代，非物质文化遗产有了更多的受众群体，尤其是为那些技艺高超或稀有的非遗在现代的存续提供了另外的也更多的可能。这种阶层地位上的消费限制的突破，也存在于那些曾经只为底层或平民服务的非遗。探戈、爵士舞等舞蹈，最初都是由非洲带到美洲的，但是后来风靡全球，上流社会也不乏尊崇从事者，这些艺术原有的阶层及社会地位的标签逐渐被撕掉。旧时代的中国，相声、大鼓、莲花落等民间表演艺术，大部分以街头卖艺形式演出，欣赏者也主要为平民百姓。现在这些艺术的地位与过去已经不可同日而语。在平等自由风气的影响下，曾经只能为男性专享的那些非物质文化遗产，也转而服务经济地位日益提高的女性。中外很多国家，曾经都规定女性不得独自去剧院戏院等娱乐场所，甚至有家人陪伴也严禁进入，但现在都已成历史。

近代以来，各种曾经加在非物质文化遗产消费中的限制，在商业价值优先的前提下，被不断突破，由此也为非遗项目带来更多的受众和市场可能。这事实上也成为非遗发挥现代社会功能的最有利条件。

（二）个性化与多元化的消费需求，尤其是中产阶层的壮大，为非物质文化遗产的开发利用提供了更多可能

尽管现在，无论是在世界范围还是在中国国内，仍然存在着为数不少的贫困人口，但是人类社会的整体绝对贫困人口比例不断在下降。我国在贫困人口减少的同时，富裕阶层的人数也在不断增加。而对中国消费趋势产生最大影响的就是中产阶层的迅速壮大。中国日益壮大的中产阶层，已经成为非遗产品与作品的最重要的潜在消费群体。这是因为中产阶层不仅具有较高的消费能力，还具有较高的文化素养，社会责任感也相对较高，更能够欣赏创造性和个性，因此也更能够理解和欣赏非遗的文化内涵。而由于生态环境的恶化和环保意识的不断增强，他们也更能够理解非遗所体现出的生态伦理。工作压力较大、生活节奏快速、亚健康和心理疾病高发，是中产阶层的普遍生存状态，使得他们对非遗生存发展的农业时代的生活方式也就充满了向往。所以如果经济能力允许，他们更愿意使用非遗产品，欣赏非遗作品。

在社会财富总体增长的背景下，中国人在消费中的多元化与个性化特点也将日益凸显。

消费群体的多元化、细分化。这要求市场供应出更多元、更能够满足不同层次顾客需求的商品与作品，这一点与大多数非遗项目只能小范围供应、个性化加工的特性是相符合的。而网络对于信息传递的快捷则为个性化生产提供可能，快递业的发展也使小规模的供应成为可能。手工制作和个性化订制，一直是高端消费的典型特点，因而受到那些有意提升消费水平人群的青睐。而随着中国人文化自信的提升，传统手工艺也开始应用于高端消费品的生产中。

随着富裕阶层人数的不断攀升以及年轻富裕阶层学历与素养的提高，艺术品市场与奢侈品市场也在迅速成长，并且呈现出个性化、高端化的趋势。尽管目前非遗产品在艺术品市场与奢侈品市场中占据的份额极其微小，但已经有了一定的端倪。如一些国家级非遗传承人的精品已经受到收藏界的关注，开始进入现代艺术品拍卖市场，而且其作品价格也呈现不断攀升的势头。而高端消费中的个性化订制，则与部分非遗具有深厚的历史文化积淀、精雕细琢、十年磨一剑的特性相符合。苏扇制作技艺的国家级传承人徐义林，虽然深居苏州的小巷陋室中，但其作品却受到收藏者的青睐，欲向其订购扇骨的客户，一般均要等待两年以上。尽管价格不菲，仍然有人愿意付出经年的等待，来得到他亲手制作的一把竹扇骨。在苏州的玉雕、核雕、红木家具制作等行业中，都存在着高端订制的客户群体。在高端的订制市场中，非遗的潜力不断在显现。

在表演艺术领域，昆曲、古琴、古诗吟诵等传统艺术与高雅艺术，1980 年前后出生的接受过高等教育的青年人成为受众中的中坚力量。江苏省昆剧院在南京的兰苑小剧场，有周末的定期演出。其观众半数以上是南京各高校在校生或毕业生，其中有些人毕业后在南京附近的城市工作，也仍会在周末前去观看，所以这部分人已经成为较为稳定的观众。无论苏州还是南京的昆剧院，名角都已经有类似影视明星的铁杆粉丝，追看其在各地的演出。盛行于苏州的船拳，原本是在兵荒马乱的时代，渔民和水乡农民用以防身自卫的。1949 年后社会稳定，社会治安良好，船拳原有的防卫功能逐渐减少。工业化开始后，船在水乡的重要性也逐渐丧失，船拳就日益衰微，到 21 世纪，几近消失。但近年开始有人跟随老拳师学习，而这些习练者的身份已经发生了改变，主要是实现财务自由并且有一定自由时间的年轻企业主。而随着经济的富裕，健康意识的提高，也使得传统中医和养生方法，如针灸、拔罐、刮痧等的受众不断增长。

所以无论在提供物质生产的领域，还是与人的身心密切相关的表演艺术、卫生健康领域，非物质文化遗产在提供更为个性化与人性化的产品和服务方面，都有一定的潜力。

（三）消费提升与转型以及科技发展，为非物质文化遗产的利用和应用提供更多可能

从现代产业角度看非物质文化遗产，基本属于轻工制造业、服务业和娱乐业的范畴内。而且与同类现代产业相比，生产效率很低，由此可以归为低产能行业。也由此导致在工业化的过程中，众多非遗行业被现代产业冲击或淘汰，因而呈现为衰微状态。

但是当工业化基本完成后，粗放型的高速发展难以继续时，就需要转变经济发展模式。消费也由消费品数量上的增长转变为质量上的提高，消费升级成为必然。所以

我国提出了供给侧改革，目的就是通过提供更为优良的消费品来实现消费提升与转型。供给侧改革主要通过制造业与服务业的转型升级来实现，而促进转型升级的两翼，一是高科技，二是文化。文化在消费提升中的主要作用在于提供给消费者更为丰富和深刻的精神享受，提升消费者的素养，使他们的身心更为健康。非物质文化遗产本来就是曾经的物质和精神产品生产与消费的方式，具有很强的应用性，而且对国民而言，具有承载文化基因的特殊性。因此，必然在消费提升中有更多的应用可能。而在前面两部分所提及的案例中，已经看到这种趋势。

消费升级意味着不再把生产和消费中的效率放在首位，而将品质放在首位；不再将物质需求放在首位，而更注重心理的满足。在追求温饱的时代，对于食物的要求首先是果腹。而当消费升级后，就会注重食材的优良、色香味俱全和就餐环境等。食物是否有益健康，能否获得审美的愉悦和心理的满足，成为选择餐厅或者烹饪食物的重要标准。中国一直有着深厚的美食文化，"食不厌精，脍不厌细"，近年来，各地传统的尤其是精致的饮食文化不断被餐饮界挖掘与发扬，就是一个个鲜活的例证。消费升级为各种传统手工艺的应用，提供了更多的空间。除去前面所讲的那些应用于高端消费的手工艺外，一些并不具有很高技艺难度的日常手工艺，也因符合环保健康的消费理念而有所复兴。如一度衰微的蓝染、植物染服饰，消费者数量都在提高。消费者在消费时，也更注重背后的历史与文化。挖掘产品背后的历史与文化，已经成为很多传统行业营销的最大亮点。中国各地有着丰富的古法造纸。近年来，这些古法造的纸及纸产品成为各地重要的旅游产品。藏纸、宣纸、竹纸、东巴纸做的笔记本或明信片，尽管价格不低，但是消费者愿意为其所包含的文化和历史价值买单。除了表演艺术以外，生产日常消费品的非遗，大多不具有很高的技术难度，但在工业化时代却具有稀缺性，因此更适合消费者进行生产的体验。所以一些非遗生产本身也发展成为一种体验型的消费，比如植物染、织布、刺绣等传统手工艺，已经成为很多人纾解身心压力的方式，所以也就出现了提供女红、植物染、制陶等课程的工坊或培训机构。

在进入后工业化时代后，各国都在努力提高文化产业在产业结构中的比例，文化消费在消费中的比例提高也成为消费升级的重要内容。中国在 21 世纪后，将文化产业作为重点发展产业。我国的文化产业和文化消费水平还有很大的增长空间。但目前我国文化产业原创不足、粗放发展、同质化严重等问题也日益突出。而我国丰富厚重的非物质文化遗产，就是具有民族和地域原创特点的文化产品，民间传说、传统剧目、民间歌曲、舞蹈等，本身就是文化产品。滇南海菜腔、蒙古族长调、昆曲、京剧等，有些已经成为经典作品，有些则可以在一定的改编后，成为舞台作品、影视作品。《云南映象》就是杨丽萍将云南各民族歌舞进行整理后的优秀舞台作品，并由此而开创了中国"原生态"民间歌舞的先河，之后各地不断推出整合本地民间表演艺术的作品。丰富博大的非物质文化遗产可以说是我国文化产业不竭的素材库和灵感源泉。但目前我国对非物质文化遗产这个富矿的开采程度尚且很小，并且采掘的手段尚且处于粗放的低级阶段。随着中国设计创编人才队伍的壮大和经营机构的不断深入挖掘，在不久的将来，就会进入一个精耕细作的阶段。这就为非物质文化遗产的现代利用提供了更多的市场和发展机遇。

互联网的日益普及，也为各类非物质文化遗产转化为文化消费品提供了更多的可能，通过网络直播传播非遗或者进行营销就是其中的一个新现象。已经有民间表演艺术家通过直播表演获得远程观众，并获取相应的演出报酬。而一些手工艺人也通过直播产品的制作过程，让更多的人了解技艺，并通过相应的平台出售产品。

尽管消费主义的盛行加速了众多非物质文化遗产的衰微，但也打破诸多的消费限制，为存续至今的非物质文化遗产提供了获得更为多样的市场和受众的可能与机会。但需要注意的是，市场和受众都只是一种可能，能否真正获得，还需要传承者和设计营销传播等多种力量的不懈努力。正是那些很早就走市场化道路的非遗从业者或从业单位，在积极寻找市场和受众的过程中，自身的技艺水平也在不断提升。传统戏剧整体呈现衰微状态，一些国有剧团演出很少，仅靠演出收入难以维系，需要财政补贴或项目支持才能维持。

三、消费主义对非遗利用的消极影响

在当下，有足够的例子来说明商业化对非物质文化遗产的消极作用。商业化是社会发展的必然，无可厚非，也无须盛赞。其本身并不能作为价值评判的标准，重要的始终是如何运用。而商业化之所以产生消极影响，就在于其对非遗不当的利用。也就是唯利是图的价值取向，消解了非物质文化遗产的文化内涵，使其变得面目可憎，斯文扫地。

具体而言，不当的利用主要表现为以下几个方面：

（一）商业价值成为价值衡量的主要标尺，文化价值被弱化

消费主义盛行的弊端就是：一切生产或创作均以能否被消费为前提和终点，并以这种消费能否转变为货币价值为其价值的衡量标准。通俗地说，以能否赚到钱作为衡量其价值的主要标准。所以在消费主义的思维下，一个行业不能赚到钱就要歇业转行，及时止损。在市场经济中，这本是非常正常的。但非物质文化遗产首先是一种文化遗产，在现代社会，其之所以要被保护和传承的动机也在于其文化价值。即使是那些一直以营利为主要目的的行业，如手工艺、医药、戏剧表演等，也不能只强调其能否营利，而应将营利与传承文化结合。况且这些行业在现代社会能够获得市场，最大的优势也在于文化价值。但诸多的非遗行业是在毫无准备的情形下，就被动地接受了消费主义主导的市场化，所传承的文化甚至习俗都被当作商品用以消费。这些行业的从业者在这个被消费的过程中也被动地学会了去进行商业交换。而由于利益的驱使，之后他们会主动地提供消费品，尽管他们也会从中获得利益，但这种提供对他们而言，是

不平等的。而其中最大的不平等在于，这是一个买方市场。在这个市场文化被定价，而定价者往往是消费者，文化的提供者与消费者虽然也会讨价还价，但最后决定权仍然是消费者，而非被消费者。

但是在商业化无所不在的时代，非遗的经营者和传承者，为了能够生存，或者不得不向这种消费观低头，而将能否盈利作为经营的唯一目标。在这种观念的驱使下，就会以获得最大市场、最多利润和最快收益作为经营目标，一味地迎合市场与受众，并以受众品位和爱好作为提供产品与演艺作品的审美导向，因而就很容易弱化其文化内涵。工艺品为了尽快变现为利润，引入机器用于大部分流程生产，手工成分不断降低。即使保留手工生产，也偷工减料、粗制滥造。演艺行业，则出现以低俗内容来迎合观众的现象，或者迎合流行，随意对非物质文化遗产进行改造，嫁接流行文化符号，制造不伦不类的演艺作品。一旦以商业价值作为非遗利用的唯一价值，就会加剧非遗文化价值的弱化和消解。

（二）追求快速变现利润，时尚化、流行化之后被消费者遗忘，加速其衰微

现代社会消费的一个突出特点就是快速化。这表现为两个方面：一是商品的使用周期变短，除食品等本身为快速消费品的产品，传统意义上的耐用品的使用周期也在变短。二是商品的审美取向流行化，而流行周期也在不断变短。与之相对应的生产模式是技术的不断进步，生产速度的不断提高。

但是基本以人作为生产载体的非物质文化遗产，其生产的周期是相对缓慢的。其中一部分非物质文化遗产在长期的历史演变中，技艺或者艺术表现力已经达到其最高峰。如果是产品，则其功能或外观经过无数代的使用，已经被证明是最适合人使用的或者最合理的，不需要再做改变。如中药配方或者金属冶炼中的配方，细微的改变都可能影响效果发挥。简单的一把剪刀，不同的功能，会有不同的尺寸、样式，裁衣和剪纸的艺人，就会用不同的剪刀。如果是演艺作品，也经过多代人的不断精练，成为经典，在台词、演唱等方面都不适合随意改动。所以部分非物质文化遗产并不适宜采用快速消费或时尚化消费的模式。

但是在快速消费盛行的时代，一些非遗的传承者或经营者为了能够快速变现利润，不考虑经营模式是否适用，而是努力跟随潮流，采用各种营销方式加以炒作，使非遗流行化时尚化。但流行源自消费者的喜新厌旧，时尚意味着不断变化，如果非物质文化遗产不具备不断变化的能力，或者产品的更新速度无法跟上时尚的变化速度，这种经营模式就会难以为继。有些从业者，为了适应不断的变化，而引入机器生产，还有的偷工减料，粗制滥造，以单位时间内的数量增长来取代以质量取胜，原有的优势不复存在。而短期内低劣产品的大批量生产，导致消费者对其价值认知的降低，最后导致价格的不断降低，最后则会导致整个行业形象的降低。有些行业恶性竞争、粗制滥造严重，就会导致整个行业的元气大伤，在短暂的繁荣后反而加剧了衰微。即使一些

没有出现类似问题的非遗，在流行趋势改变后，也会在喧闹一时后就归于寂寞。

这种现象在表演艺术内也存在，比如随意地嫁接流行文化，在戏曲中加入西方的爵士、饶舌、现代舞等成分。或者把经典戏剧片段、民歌用流行音乐方式改造，改造得面目全非，支离破碎。而这个过程通过大众传媒传播，会让并未广为人知的一些民间艺术被受众深深误解，最后被受众抛弃。

一些具有突出民族和地域风格的手工艺，因为某个地区或某种艺术形式的产品在市场广受欢迎，于是就盲目跟风，仿制这种产品，而无视自己原本的风格特长。苏绣，在全国的刺绣界，尤其是刺绣艺术欣赏品的生产中，占据了大部分市场份额。于是很多地方的刺绣，都在技艺、表现形式、题材、艺术风格上学习苏绣，并且开始以艺术欣赏品为主，原因是这种风格的刺绣品利润高，市场前景好。而这些仿制者和学习者，很少有得苏绣之真髓的，却失去原有的地方特色。在银壶、茶壶、丝织品、蓝染、雕刻、家具制作等市场份额较大的手工艺行业里，都存在着盲目跟风，复制成功模式或样式的现象。以致一些富有原创精神和能力的艺人，都不敢随便展示新创作品，因为新创产品一旦面市，就会被迅速模仿，而且是低劣模仿，但是由于价格低廉而在市场上迅速取代原创产品。这种模式严重地损伤了创新动力，同时也让非遗失去原本可贵的地域、民族和个人的风格。

所以在快速消费时代，非遗行业在是否跟随时尚潮流时，还是需要慎重而慎重的。

（三）表演化与旅游资源化，加剧文化内涵的衰减

表演化主要指那些原本不是表演类的非物质文化遗产，在经营中，越来越多地加入表演的成分，或者完全成为表演形式。前者主要是各种手工艺制作，后者则主要是各种民俗。还有一种现象就是原本表演成分很低或者表演形式单一的民间文艺形式，加入其他表演艺术，而改变了其表演的形式，成为"真正"的表演艺术。

因为文化差异强烈，具有民族地域特色的各种文化事项与民俗往往会引起非传承者强烈的好奇与探究欲望，由此而受到旅游市场的青睐。很多时候，旅游市场就是这类非遗唯一的市场。

手工艺本来不具有表演特质，但在消费主义盛行的时代，人的行为本身也可以成为一种被消费的商品，所以就有了"行为艺术家"这个特殊的职业。由于当下手工生产本身在整个社会生产中的稀少，也具有了一种行为上的稀缺性。而看到生产过程，更容易激发消费者的购买欲望。这种营销模式其实早已有之，山西刀削面、兰州拉面等，师傅展示削面和拉面的技巧，而招徕食客。现在这种营销模式受到越来越多的手工艺人的青睐，他们开始通过展现生产过程来吸引消费者。越来越多的手工艺人将他们的生产场地对外开放，增加了展示空间的功能。同时也开始出入各种非生产的场合来进行手艺的展示。这种趋势无可厚非，但是在展示中，有些人为了吸引观众或消费者，而增加了一些原本不需要的流程或者一些噱头。或者夸大一些技艺的难度，营造

神秘的氛围，变成真正的"行为艺术家"。待表演结束就立刻售卖产品，这种虚张声势忸怩作态的表演如果太多，会造成外界对手工艺生产的误解。还有一些传承者，忙于各种表演，沉醉于表演带来的宣传效果和由此产生的名利，而疏于技艺的提高，就会造成技艺的荒疏。

很多扎根于各地自然与人文环境的民俗往往具有独特而鲜明的地域特色或民族特色，因此很多民俗在其流布区域的人们看来或许平常无奇，但对外地人却无疑是一种奇风异俗，所以很容易引起外地人的强烈好奇或者兴趣。在一切都可以成为消费品的时代，民俗的唯一性、独特性、地域性、民族性等特点，使其具有了成为消费品的可能。而民俗成为消费品的最主要途径就是成为旅游产品或项目。但成为旅游产品后，民俗却再难以继续保持其原本的特性。在快速消费和唯利是图的商业模式下民俗以表演的形式存在下来，这种表演打破了民俗原有的时间、地点、人群与内容上的限制。在某个旅游景区内，婚俗的传承者可以天天当新娘新郎，庄严的祭祖仪式可以天天举办，或者冬天的移到夏天来办。这些表演化的民俗与原有的传承者和文化内涵毫无关系，为了招徕游客，而随意加入一些毫无关系的内容，自我的歪曲直接导致游客对非遗的误解。还有更多拙劣的搬演和仿制，直接导致旅游的同质化，而引起游客的厌倦。

（四）文化元素应用的表面化和符号化甚至扭曲化

前面三点所叙述的是非遗项目以其原有的形式进行商业化利用所造成的消极影响或危害。而在非遗整体衰微的情况下，采用非遗原有的文化元素进行开发和创新，也成为一种利用方式。但是如果追求利益最大化为目标，就会根据商业利用的需求，而随意对非遗元素进行整合、嫁接、改变。或者只是复制其表面形式或特有的符号来进行产品的开发。严重的，则借助非遗之名，对形式和内涵都进行肆意的扭曲或歪曲。这种现象，在那些并不用心的文创产品和旅游产品的开发中，时有发生。

在一些低端文创产品和旅游产品中，我们可以看到很多人就是截取非遗原有的一些符号，比如戏曲脸谱、吉祥图案等，印制于 T 恤或者茶杯、笔记本等产品中。也许有人会反驳，这已经算是对非遗元素的一种很好的利用。但是这种只需要剪切和复制的开发，不是机器就可以完成的吗？何需人来进行。所以这种符号化表面化的利用虽然无害，但如果太多，也会造成市场的厌倦。

（五）非熟人社会中，道德缺失成本的降低，使诚信缺失

传统社会中，非物质文化遗产大部分都在熟人社会内部传承或流通，经营者或者服务于家庭或者乡邻。服务于自身或家庭的，自然会尽心尽力。而如果服务于熟人社会的乡里乡亲，道德上缺失的代价会是巨大的。在经营中，被发现有欺诈、偷工减料、粗制滥造等行为，就意味着道德的破产，面临的不是经营失败，就是转行，或者远走他乡。所以传统的熟人社会中，童叟无欺、诚信经营、货真价实就成为一种相对普遍的商业伦理道德。

  但是在现代社会，人口的流动速度大大加快，熟人社会的结构逐渐瓦解。在商品可以充分流通的情况下，没有血缘、地缘关系的陌生人成为非物质文化遗产的主要服务对象。在农业社会向工业社会转型的过程中，社会的各种结构都在剧烈地变动中，旧的商业伦理和与之相适应的商业制度被打破，而新的商业运转机制尤其是诚信机制还未完全确立。所以商业经营中的道德缺失成本代价也就相应变低。

  非物质文化遗产与其同类的现代产业或行业相比，在生产规模、生产能力上都存在着巨大差距，但在市场经济背景下，却需要和它们一起参与市场竞争，市场并不会因非物质文化遗产的先天不足而对其网开一面，另眼相看。

  时至今日，商业化运作，已经是众多非遗必须采取的经营方式。而不当的商业化利用对非遗最大的伤害，在于传承者为了获得更多的利益，为了迎合消费者而最大限度地开发利用非遗固有的文化价值，甚至改变其文化内涵，使其失去原有的价值与内涵，最终被市场抛弃。这样悲伤的例子已经不胜枚举。

第二节　非物质文化遗产的合理利用路径与方法

一、非遗合理利用、良性发展的基本原则

  当下的中国，追求快速致富成为一种普遍的社会诉求。但由于非物质文化遗产在参与市场竞争中的先天劣势，经营者如果秉持快速致富的原则，只能是揠苗助长，适得其反。反映在具体的经营中，就会发现目前商业化对非物质文化遗产的利用所带来的"弊"，要大于其"利"。如何避免商业化所带来的弊端，如何实现合理利用，需要遵循以下基本原则。

（一）差别化对待，不是所有的非遗都适合商业化经营

  即使抛开文化遗产保护的原则，仅从能否取得相应的利用效果来看，也不是所有的非物质文化遗产都适于商业化运作，而是要根据非遗自身的特性来确定是否适合商业化，否则只会加剧其文化内涵的衰减而最终导致其衰微或消失。这之中最为明显的就是前文多次提到的民俗的泛商业化和旅游资源化，导致很多地方的民俗都正在变成职业化的表演。除了民俗这个商业化利用的重灾区，那些在一个特定区域内具有突出的群体传承特性或者与信仰有高度关联的民间表演艺术，也不宜进行商业化，而应继续保持其原有的传承模式。因为商业化很容易导致商业竞争，原本在一个群体内平等的传承者成为相互竞争的经营者。而在当下及今后，非遗的受众与市场一直会是相对狭小的。众多的竞争者去争夺有限的市场，很容易导致恶性低价竞争，就会加剧原有的传承群体内部的对立。与一定社群内的成员的集体信仰有高度关联的民间表演艺术，

如果商业化运作，就会严重降低传承者对原有文化内涵的坚守，或者导致群体成员的强烈抵制。即使是手工艺，如果曾经是一地民众普遍掌握的技艺，进行商业化运作，也最好取得掌握者们的共识，并且尽可能采取合作社等组织进行经营。

在非遗的运作中，是否采取商业化模式，采取什么样的商业运作模式，都应根据非遗及其传承特点来确定，进行差别化的选择。有些非遗要避免商业化，有些要有限度地商业化。

（二）对文化内涵的真正理解与合理运用，避免歪曲与肤浅化

非物质文化遗产与现代工业产品相比，其优势既在于深厚的文化内涵，也包含前工业时代的生产伦理。这种伦理主要表现为：对自然资源的珍惜和对消费者的熟悉与尊重。生产（表演）者与使用（消费者）者之间大多在一个文化语境下，彼此之间是熟悉的充分理解其需求的。手工生产多为小规模生产，甚至是定制化生产。而表演艺术只能采用表演者与消费者之间是面对面的方式。这些优势，是大工业生产与工业化现代娱乐所不能比拟的。在非遗的开发利用中，应充分利用这种优势，寻找其与现代生活娱乐的结合点，开发真正体现其固有价值的产品或作品，而不是一味跟随时尚，失去自我。苗绣之神秘，在于把苗族的历史以各种符号化的图案加以浓缩。苏绣之清雅，是唐以后江南的富庶与精致的人文环境所滋养。二者之间，气质不同，如果互相仿效，就会失去本色之美。昆曲之美，在于婉转细腻；黄梅戏之美，在于活泼妩媚；秦腔之美，在于苍劲豪放。各种地方小戏的魅力就在于其扎根地方的乡土气息。这些传统戏剧，不应向话剧或舞台剧靠拢，也不能彼此之间靠拢，如果那样，只会导致本音尽失，风骨不存。

由于非遗的文化特性，那些失败的商业化，很大程度就在于没有真正地理解非遗项目固有的文化内涵和特质，并且随意地复制了一些工业产品的营销模式。对非遗的理解表面化、片面化，导致在产品设计和营销诉求上，没有充分体现非遗项目的特点和优势。很多手工产品，本来就是生产日常实用品，其优势在于为使用者考虑的体贴，在于持久耐用，在于千人千面的个性化和非我莫有的地域性、民族性。但是很多传统手工艺，放弃制作实用产品，而是制作廉价低质的旅游纪念品。为了降低成本，不用心做研发，而是模仿复制市场上目前受欢迎的产品，结果导致各地的旅游纪念品都面目雷同。那些相似的或者加了些微地域民族特征的旅游纪念品已经使一些地方的大众化手工艺沦为廉价货。与这种低端商业化相比，为迎合市场而对非遗项目进行歪曲的营销，危害更为巨大。有些非遗的营销者，对非遗的历史随意进行杜撰捏造，把非遗产生的年代大大提前，清代的说成是宋代的。还有些把一些原本出身草根的非遗项目和皇家御用、历史名人扯在一起，以图自抬身价。更严重的是，对非遗项目进行随意的剪切、拼贴。所以在非遗的商业化利用中，一定要避免对文化内涵的表面化理解和利用，更要对随意解构式的利用高度警惕。

那些良性可持续发展的商业运作，无不是充分理解了非遗的特性和文化内涵，并以恰当的方式加以利用。手工艺强调其材料天然，制作过程无污染，产品突出手工的个性化。表演方式，则突出其历史、乡土气息，以鲜明的风格打动观众。而无论手工艺还是表演艺术，都坚守对消费者的充分尊重，因此坚守品质，以品质赢得了消费者。有关案例会在之后进行详细的叙述。

（三）寻找真正的知音与需求群体，正确定位市场与受众

消费群体的多元化和细分化，是高度发展的市场经济的特点。当下的中国，随着市场经济的日益发展，也开始出现了多元化和细分化的消费趋势。这无疑为个性化特点突出的非遗生产或表演，提供了更多的市场运作可能。非遗生产和表演的特点决定了非遗的市场化运作，更需要精准定位市场，细分消费者。

非遗生产的特点，决定了其产品（或服务）的供应在单位时间内、在数量上是小规模的，在供应周期上是相对长的。这种产品（或服务）的供应模式，决定了当下大部分非遗的消费者，只能是小众群体。决定了非遗的产品供应，不能只追求数量上的多，而应更注重质量上的精与独特。非遗的文化遗产特性，决定了消费者需要在充分理解非遗文化内涵的前提下，才能够成为其消费者，有些则需要消费者具有一定的文化素养，成为非遗真正的知音。而由于非遗的人性化、个性化特点，一旦消费者体验过其美好，就会具有一定的忠诚度。所以在非遗的商业运作中，应当着重强调非遗固有的文化内涵，提供精品。大部分非遗较为合理的供销模式是：产品单位数量上较少，但在文化附加值上投入较多，并且供应者与消费者之间形成了具有一定的忠诚度和信任度的关系。

即使是同类型的非遗，由于消费者在时间和财务支配上自由度的不同，以及消费者的个性、年龄、出身、经历、文化层次、兴趣爱好等的不同，他们在消费中会有各种不同的选择，而这些状况类同的人，就会形成一个相对类同的消费群体。每个非遗项目，都需要根据项目自身的特点，找准消费群体，首先使这一群体稳定，而后再通过各种努力而使之有所扩大。研究这些群体的消费趋势，提供契合他们需要的产品或服务，成为经营的努力方向。以消费者的需求，来确立产品（或服务）的内容与风格，是商业社会所有生产者都要遵循的原则。但是在非遗的产品与服务的提供中，更应突出满足消费者的审美等方面的精神需求，而这种精神需求基于消费者的文化背景。消费者是出于对某种文化的深刻理解或切身体悟，而选择消费承载这种文化的非遗产品或服务。也就是说，消费者是这种文化的传承者，或者是其知音。这种知音型的消费者，对于那些具有深厚历史积淀，却衰微的非遗项目而言，显得尤为重要。弓箭，是冷兵器时代最为重要的武器之一。使用弓箭，不仅是士兵们杀敌的技能，还是那些以狩猎为重要生产方式的人们必备的能力，也曾经是中国古代儒门弟子的六艺之一。但是随着冷兵器时代成为历史，弓箭制作也由此衰微。1988 年，弓箭生产老字号聚元号

的传承人，恢复弓箭生产，因为工艺精湛，而逐渐拥有了稳定的客户，这些客户除了射箭运动员外，还包括传统射箭的爱好者。尽管客户的规模并没有很大的增长，但是这些客户是真正需要弓箭或者热爱弓箭的人，他们根据自己的需要，而对弓箭的制造提出很多个性化的需要，从而使弓箭制作技艺的传承人们能够根据客户需求而改进技艺。这些真正爱好弓箭的客户与传承人之间建立起了一种信任合作关系，从而形成一种良性互动，保证了弓箭制作技艺的继续传承。这种现象，也同样存在于古琴制作、高端宝剑锻造等具有深厚历史但现在却较为冷门的行业中。

一些非物质文化遗产承载着深厚的文化内涵，并且具有浓厚的地方特色，其产品成为其流布地方最具有代表性的地方特产。所以非遗产品，也成为当地特色礼品，一些生产企业就以承担政府礼品为主导生产。这些礼品的受赠者由于不是自愿购买，所以也不一定是真正的爱好者。而由于有政府采购作为保障，一些生产企业就不再努力寻找真正的爱好者，也不去努力开发产品或者提升技艺，生产真正市场需要的产品。随着政府采购减少后，很多地方手工艺行业都受到冲击。有些严重依赖政府采购的企业，利润急剧下降。在政府买单的演出减少后，很多演艺机构也受到冲击。但是那些一直坚持以产品和演出取胜，正确进行市场定位的生产单位，却未受冲击，市场反而在不断提升。所以寻找真正的爱好者，寻找知音，才能为非遗的利用获得长久的发展动力。

（四）发挥非遗缓慢、精细、人性化、个性化的固有优势

非物质文化遗产与大工业生产相比，在生产速度上是慢的、生产数量是少的，产品更具有人性化、个性化。在经济相对贫乏，因而追求物质的快速积累的时期，这是劣势。但在物质财富积累到一定阶段消费升级时，就可以转化为优势。在富裕阶层人数增多，消费者文化素养普遍提高的情况下，消费者不再只关心价格，而开始注重品质；不再盲目从众追求潮流，而是追求个性品位；不再只关心产品的时尚度，而开始关注其文化内涵；不再只关心产品本身，也开始关注产品生产过程对环境是否友好。消费趋势的变化，就使非遗优势的发挥有了更多的空间和可能。所以成功的非遗商业化运作，都是顺应这种新的消费趋势，并充分发挥了非遗固有的优势，扬长避短，而获得了市场认可。

二、非遗经营的资金投入与生产组织模式

（一）大规模生产模式和短期高回报投资模式不适合非遗经营

尽管资金、场地、政策等因素，都对非遗的合理利用起着非常重要的作用，但是对于全部为传统行业的非遗而言，以上这些因素的重要性远没有现代产业那么突出。这是因为，大多数非遗行业与其在传统社会相比，市场需求都在缩小。生产规模的扩大只会导致市场供应超过需求，从而加剧市场的萎缩。即使部分有着较大市场潜力的

产业，如制药、餐饮等，也不宜盲目扩大生产。这是因为这些产业之所以存续至今，就是因为手工生产，选料严格，制作精良，部分企业还有独到的秘方，产品具有独特性或不可替代性，并且积累了百年以上的声誉，这是其在市场竞争中的最大优势。例如百年医药老字号北京同仁堂、杭州胡庆余堂等，都坚持"修合无人见，存心有天知"的职业道德，而赢得了声誉。所以这类具有常青树特质，并且以老字号为企业模式的传统产业，如果要保持优势，就需要坚持原有的原材料、生产工艺标准，并且对从业者的技艺素质和职业道德都有较高的要求。这就决定了这类企业也不宜扩大生产规模来赢得市场，过度扩张很容易导致品质下降，由此而导致声誉的降低，而使声誉受损。这样的例子并不缺乏，有些企业已经深受其害。

而更多的非遗行业，本来就以个体化小规模生产为主，在其市场规模整体缩小的现代社会，更不宜盲目扩大生产。那样做只会导致两个结果，一是引入现代产业模式，以机器生产代替手工，变成现代工业，在本质上已经与非遗无关。例如丝、棉、麻等材料的纺织，历史上都曾经是手工为主，现代则绝大部分改为机器纺织。但机织不是非物质文化遗产。二是技能简化型生产（表演）。在传统手工艺领域，表现为主要生产技能含量低的产品。表现在表演行业中，就是碎片化利用，只以演出小型的折子戏或片段为主。这些经营模式，都是以减少技艺程度、生产时间和文化内涵为特征的，其结果必然是失去固有优势，并逐渐被市场淘汰。原本就采用小规模个体化生产的行业并不适宜现代产业模式或经营模式，而是要努力保持其原有生产或经营模式的优势。

现代产业，如果是制造业，主要靠不断应用新科技新材料，提高机器设备的生产效率来实现盈利；如果是IT业，则主要靠提供容量巨大和快速传达的信息来实现盈利。这决定了大部分现代产业的盈利模式就是讲求快速高效，所以投资者需要紧跟趋势，否则机会稍纵即逝。但是非遗的生产（表演）的周期是相对缓慢的，无法成为"风口"，即使偶尔成功的炒作，可能会让某几个非遗产品在拍卖场受到热捧。但那只是凤毛麟角，并不具有普遍意义。而且这种炒作很容易导致一些行业的高烧，在市场退烧后，重新又归于平淡。有些价格被炒作到远远超出实际价值的非遗产品，一旦市场回归理性，就会一落千丈，甚至元气大伤。

所以扩大再生产的现代产业盈利模式不适用于非遗的开发与利用。非遗利用最为持久也最为有效的模式是不以规模取胜，而以品质和文化内涵取胜。对非遗行业的资金投入，也并不适合大规模短线资金投入的现代工业模式。对非遗行业的资金投入，必须走长线投资的模式。投资者和传承者一样，要有一点工匠精神，要耐得住寂寞冷清，准备好一个较长的资金回报周期。投资非遗行业，投资者需要一点人文情怀，并非空言。

（二）非遗的生产组织形式

当下非遗的生产组织形式，主要分为个体经营、公司化经营和分包制三种。

1. 个体经营

包括个人生产和小规模数人生产（或演出）两种。如果是小规模数人生产，成员往往有亲属血缘关系，或者师徒传承关系。非遗经营，尤其传统手工艺，小规模的个体生产是主要模式。在非遗整体衰微市场整体萎缩的情况下，小规模的个体经营更能够适应市场需求。而小规模的个体经营也更容易发挥非遗生产或表演强调个性和灵活性的优势。这种经营模式由于规模小，所以多以小作坊、工作室、小型演出班社的形式来进行。其中传统手工艺多采用前店后坊的经营模式。

2. 企业化经营

这种模式一般是借鉴或直接采用现代企业的经营模式。如传统手工艺的企业，有管理、生产、销售的各个分工，在生产环节上，也有相应的流程管理，并有相对细致的工种分工。企业化生产的传统手工艺在目前的我国，往往由计划经济时代的国有或集体所有制企业转制而来，但是在生产上基本延续了原有的统一管理。企业化生产的传统手工艺，一般都是工艺流程较多、工种多样并且需要较大的生产场地的传统手工艺。如传统家具的生产，大型石雕、陶瓷、砖瓦烧制、冶炼等行业。这类企业大都采用分工生产，这样更有利于提高效率。而且工种之间必须密切协作，才能够完成生产。往往技艺越为高超精细，分工就越细。也有些则是行业内部又有众多门类，门类之间互相关联，集中生产有利于原料采集和销售等。表演类非遗，采用这种模式，多是专业的剧团或综合型的歌舞团。

3. 分包制生产

劳动密集型的传统手工艺，多采用分包制生产模式。不同于现代企业将工人集中于工厂内进行生产的劳动密集型，传统手工艺的劳动密集型生产、工厂车间化的集中生产比例不高，大部分是采用生产外包或分包的形式。也就是生产者分散在各家各户，定期向生产的组织者（往往就是企业主）交付产品，一般按件计酬。这种生产有其相对的灵活性，更适合于手工生产的特性。这类传统手工艺，往往是市场曾经繁盛，是某一地区的重要产业，形成"家家生产，人人会做"的生产景象。维持分包制经营模式的主要前提就是大量的熟练生产者或艺人，另一个前提是这些生产者或艺人的报酬相对低廉。柳编、竹编、刺绣等行业，在众多地区，仍然有一定的劳动力优势，所以大多继续采取这种模式。如江苏北部的新沂、连云港等地的柳编，从业企业的工厂，基本是仓库，而不是车间。企业设计出柳编产品，农户按照样式和型号在家里制作，在规定时间交货，按件收取报酬，企业雇用工人贴企业标签在产品上，然后行销各地。劳动密集型的传统手工艺，大部分集中于乡村或一些有手工艺传统的集镇和小城市内。如果曾经存在于较大城市，也几乎全部被转移到城郊或乡村中。由于受到现代化的冲击，这种生产类型的传统手工艺无论在数量上还是规模上都呈减少趋势。

（三）非遗生产的新组织形式：社会企业与合作社

很多非遗在其传承地区，都曾经是普遍的生产生活技能或娱乐方式，具有突出的群体性。所以这类非遗，是真正意义上的集体智慧的结晶，也是现今传承者的共同遗产。所以这类非遗的经营中，并不适宜高度竞争的市场经营模式，那样反而会造成其传承群体内部成员人际关系的紧张，甚至导致原有人际关系或社会结构的崩塌，纯朴互助的民风由此丧失，而加剧了本地文化的瓦解。而这类非遗还普遍存在的一个重要原因，在于当地交通闭塞、经济甚不发达。在其生产经营中往往具有资金匮乏的劣势，集合集体的力量进行经营，更适合这类非遗。所以在一些不发达地区，无论是传统手工艺，还是传统的民间表演艺术，越来越多地采取合作社的经营模式。在贵州、云南、西藏等地，我调查的很多具有手工艺传统的村落，农户多采用合作社方式进行经营。如贵州丹寨的蜡染、造纸、鸟笼制作，就多以合作社形式经营。西藏贡嘎县的杰德秀镇，具有织造邦典（即藏族女性服饰中的彩条围裙）的传统。在当地政府的支持下，农户们就采用"联户增收"的合作社形式生产销售。在农闲季节，合作社成员在合作社车间内进行生产，合作社里还有兼具展示功能的商店。在民间表演艺术中，也出现了与合作社类似的组织。随着扶贫工作的推进，欠发达地区，越来越多的传统手工艺和民间表演艺术以合作社形式进行经营。而这种合作社的经营模式，往往以某位有影响力的代表性传承人或艺人作为领头人来带动乡邻共同脱贫致富。

由于非遗所具有的文化特性，非遗的经营不仅具有商业的特性，还具有传承地域或民族文化的社会属性。而其中的一些非遗，曾经是一地一族的主导产业或基本谋生手段，其材料都来自本地特产，在本地进行加工，可以实现农产品或矿业产品在本地加工。经营状况良好，就会带动地方产业的振兴，并且可以实现在地就业，直接给生产者带来经济状况的改善，从而在扶贫中也具有非常重要的意义。所以在非遗的经营中，尤其是在不发达地区，开始出现社会企业的经营模式。这种社会企业的经营，不以商业利润为唯一目的，而是以实现扶贫就业、环境保护、文化传承、社区治理等多种社会功能为目的，因而其经营中，更侧重于挖掘非遗固有的各种社会功能，实现多种功能在增进民众幸福中的协同作用。其在经营中，所秉持的理念也都尽可能地减少对自然的破坏，尽可能地增进人与自然、人与人之间的亲近。也就是说，是人文关怀高于利益获取的。通过商业化的运作，为产品获得市场，为居民带来收入的增长，同时也给他们带来文化的自信与获得幸福的能力。

随着越来越多的有社会责任感的企业和个人加入非遗的经营，社会企业也将成为非遗经营中的新力量。

三、人力资源是非遗利用中最重要的资源

与现代产业对资金、场地、机器设备的高度依赖相比，非遗经营中最重要的资源始终是人力资源。这是由非遗的生产与表现特点所决定的。大机器生产对人力资源的

需要越来越低，而现在甚嚣尘上的人工智能则是要用机器取代更多的技术工人。但是非物质文化遗产最大的特点就是人在生产，而不是机器。掌握技艺的传承者决定了非遗产品或作品的品质，是其核心竞争力的最重要载体。相对于现代产业，生产者的积极性对行业存续的意义就更为重要。

市场是非遗的存续最重要的外部动力。前文已经提到大部分存续至今的非遗，都可以获得其相应的市场，而市场的保持、挖掘与扩大，与经营者对于市场及其趋势的适应性努力和开拓性努力直接相关。

所以人力资源在现在及今后，也仍然是非遗利用最核心的资源和最能动的力量。即使有资本愿意投入非遗的经营，也必须以调动人尤其是传承人的积极性为资本的主要使用方向，这是与其他采用新技术新设备为主的现代产业最大的不同。

所以拥有生产能力与一定技艺水平的传承者和从业者在现代社会下，也仍然是非遗利用最基础最重要的人力资源。但非遗与现代产业一起进行竞争，必须要加大对消费者需求和消费趋势的掌握，必须提供更符合现代需求的产品（作品），这就要求设计（创编）力量的进入。而在非遗产品获得消费者的途径上，必然要采用各种现代营销模式，所以营销人才也是重要的人力资源之一。在现代社会中，非遗要获得市场，就需要传承、设计（创编）和营销这三个方面人力资源的有机结合。

（一）传承者

在非遗行业里有时候会出现一个在现代产业比较少有的现象，那就是在市场需求不仅存在甚至旺盛的情况下，却会因为生产者的匮乏而无力兴起。比如古籍修复的人才需求与人才供应之间的巨大落差。在一些高端手工定制产品的生产领域，都存在着不同程度的高端技艺人员的缺乏。在演艺行业内，高水平技艺人员的缺乏也制约了一些受众有所回升的民间表演艺术的发展，例如在我国很多地方曾经盛行的龙狮、滚灯、竹马等民间舞蹈，在很多节庆活动中都有需求。但是各地演出者的技艺水平与几十年前相比，都有不同程度的下降，有些只能表演最基本的动作。导致观众觉得这些舞蹈没有什么看头，表演的邀请就随之而减少。但一些演出人员技艺水平很高的表演团队就能够一直保持一定的市场。这都说明了传承者在非遗合理利用中的核心作用。由于非遗技艺大部分不可能在短期内掌握，而成为一个得心应手的合格手工艺人则更需要经验的积累，所以在必须以品质去对抗大工业生产的时代，传承者的生产水平和素质对非遗的开发利用尤为重要。并且要求传承者在传承技艺的同时，也需要继续传承固有的生产伦理，即尊重自然，尊重受众。生产表演符合现代消费者需求的产品或作品，并且是能够体现出非遗原有价值的产品。

（二）设计与创编人员

1. 设计与创编人员在当今非遗各行业中的严重缺乏

由于非物质文化遗产个性化生产（表演）的特点，杰出的艺人都有一定的设计或创编能力。手工艺人会根据顾客的要求对产品进行外观或形制上的改变。仅是一张板凳，小孩子和老人就会在尺寸、材质上有很大的不同。民间的表演艺人，大多会根据场合和观众来进行即兴的表演，所以即使演出内容大致相同，却会有各种不尽相同的演出。但是当下的中国，设计与创编力量在非遗的开发利用中都严重缺乏。首先是从业者中设计创编的程度很低，从业者更多的时候，只是延续原有的技艺。造成这种情况的最主要原因还是非遗的衰微。那些不断涌现新设计和创编作品的非遗行业都是市场状态良好的，因而能够吸引优秀人才进入，人才又推动了市场的开发，行业得以步入良性循环的轨道。但那些衰微的行业，因为存续环境的改变，受众与市场萎缩，从业者能够勉力维持现状就已不易，更无心开展设计创编了。而后继乏人的普遍存在，导致了这些行业很难吸引具有设计创编能力的优秀青年人才加入，加剧了市场萎缩，陷入恶性循环。

　　一些曾经为普遍生产生活技能的手工艺，由于产生于生产生活方式变化都较为缓慢的传统社会中，一个成熟的产品及其样式在很长的时间里是不需要改变的，因此缺少不断变化以适应市场和需求的外在动力。这种变化就是设计的动力。一些传统的表演艺术，在达到其发展顶峰时，出现了一系列的经典作品，外界对其的认知就是通过经典作品而获得的，所以受众形成固定审美，只倾向于观看这些经典作品，演出者只演出这些作品就足以维持现状，由此失去创编动力。以上两类非遗，一直是忽视设计与创编的，甚至是因循守旧的。而后随着时代变迁，市场受众减少，从艺者也在减少，不仅失去了创编的动力，连创编的内在可能性也失去了。

　　在20世纪50年代后，各类传统手工艺普遍进行公私合营，生产规模扩大，为提高效率，内部分工也日益细化，在一些企业内，组成专门的研究室或设计室来进行设计。这样，设计者就日益与生产者分离。一些民间戏剧班社也进行了整合，其中的优秀人才多集中于国有的剧团或歌舞团、文化馆中。导演、编剧等创编人才开始职业化专门化。而当后来手工艺行业普遍不景气之后，设计力量就纷纷离开原有的行业，企业也无力引进或培养新的设计人才。国有的剧团中也存在类似的情况，演出市场冷清，老一代导演编剧等老去后，难以吸引新一代的青年创编人才加入。当下中国知识产权保护的不完善，相关意识的淡薄，导致抄袭剽窃之风盛行，也减弱了相关艺人自主设计创编的动力。一些具有设计能力的艺人需要花费很多时间精力去防范抄袭，有些在屡次维权失败后，干脆放弃原创设计。

　　现在的非遗行业，现有的从业者自身设计创编意愿和能力都很低，同时又难以吸引青年人才加入，所以出现设计和创编力量严重不足的现象。

2. 非遗设计创编的主要内容与方向

　　进入工业社会后，大部分非遗都已经经历了其发展的最高峰，技艺、生产（表演）流程已经高度成熟并且固定化。表现在物质产品生产领域，就是其产品的材质和基本形制呈现一定的稳定性。在表演艺术领域，则是作品经典化、表演行当角色等固定化、唱腔等基本表演技巧稳定化。非遗的创新，主要就是在继承传统技艺基础上的提高，并非现代科技颠覆性破坏性的创新。现代科技创新，是以新的技术去替代旧的技术，一旦出现新的替代科技，旧科技就会被抛弃。但在非遗领域，技艺的改变或创新是累积型的，必须是在对传统技艺有了充分的掌握之后，才能进行创新或改变，但其改变往往是改进，而非颠覆或替代。产品或作品，也基本保持原有的材质或内容。制作陶瓷，不是由高岭土烧制，而是其他的新型化工原料，就不能再被称为制瓷技艺。一个戏剧，改变了其基本唱腔或身段，而加入了很多现代流行音乐或现代舞蹈动作，就不再是传统戏剧。尽管非遗领域，一直有创新与保守之争，至今莫衷一是，难有定论，但现代科技颠覆性的创新模式引入非遗领域，只会导致非遗面目全非。

现代专业设计与传统手工艺的结合，就是以现代设计理念与思维方式去理解传统手工艺的技艺特点、产品功能，从现代生活的角度去看待传统手工艺的应用范围、功能实现途径。由此可以更直接地挖掘传统手工艺与现代生活结合的可能。最为广泛采用的模式有两种：一是以传统手工艺来体现现代设计，比如用传统刺绣技法绣制现代纹样，现代时装使用传统技法剪裁缝制，现代服装直接使用传统图案。还有用传统手工艺生产的产品作为原材料来制作现代产品，比如用云锦制作高级服装、用广东传统的莨纱制作现代服饰，等等。这种模式下，传统手工艺是为现代工业提供技艺支持或原料。对传统手工艺而言，是一种在现代生产中的局部应用，多出现在本身就是生产原料或作为装饰手段的技艺中；二是采用传统手工艺直接制作符合现代审美或现代功能的产品。比如传统瓷器作坊，仍然沿袭传统制瓷技艺，但是生产的日用器皿，会有咖啡杯、西餐餐具或者适合在微波炉、电磁炉、烤箱等现代厨房电器使用的瓷器，并且在瓷器上采用新的纹样，或新的样式。

非遗特有的创新（改进）模式，导致对其的设计与创编并不在于对生产（或表演）流程或技艺进行改变，而主要集中于如何利用非遗固有的技艺，设计新的产品，创编新的作品。或者就是对经典产品进行重新包装。设计新产品，主要是对产品的形制、外观进行设计。创编新作品，就是用原有的唱腔、动作表现新的主题和内容，创作新的作品。例如京剧、黄梅戏、越剧等演出的现代剧。包装设计是指不改变产品的外观、形制，而只是对其外包装进行改变，最通俗的说法就是新瓶装旧酒。酒还是酒，但在包装上，可以改为瓷瓶装、玻璃瓶装、木桶装等。很多具有特殊功效和独特品质的产品，如药品、茶叶、酒类、食品等，设计的重点都会集中于外包装，并且外包装设计往往也是企业进行整体形象设计的组成部分之一。而表演类的外包装设计，主要是指经典或者传统的剧目、作品在内容上不做改变，而主要在服装、化妆、舞美等方面进行改变。现在的经典传统戏剧剧目，大多采用这样的创编形式吸引观众。

在实际的设计创编中，都不会局限于产（作）品本身或外包装，而常常是两者同时进行，并且一些生产企业或从业机构还会进行整体的 CI 或 VI 设计。

3. 当今参与设计创编的力量组成

第一种是经营单位内部的设计创编力量。当下只有少数行业繁荣、经营良好的手工艺生产单位，有专职的设计人员，也只有少数规模较大的演出机构有自己的专职创编人员。非遗演艺行业中有专职创编人员的机构则很少，因为演艺类非遗的演出市场大多萎缩，即使有一定的演出市场，也以经典剧目或折子戏的演出为主。只有极少曾经是国有的较大型演艺机构中，还有专职的编剧或导演。大部分演出机构如果自身有创编人员，都为演员等工作人员兼职。一些具备一定生产规模的生产单位，有艺人兼职的设计师，但其设计的程度和范围都是很小的。还有一些小规模个体或家庭生产的作坊，艺人自己身兼设计师。在表演艺术领域，一些演员或民间艺人从事民间表演时，将原有的传统的或民间表演艺术进行一定的改编或包装，以舞台剧或者乐队组合等形式进行演出。以上这些设计创编人员，都属于经营单位内部的工作人员。他们对生产或演出等都是熟悉的，因此在设计创编时传统保留的成分更多。

第二种是外部设计力量参与设计创编。这种外部设计创编力量是指不以非遗行业为主业的专业设计师或创编人员。他们的专业来源广泛，大部分具有高校学习经历，并且取得相应的执业资格。进入21世纪之后的中国，不断有专业设计创编人员加入到非遗行业，以现代理念重新诠释传统。也有一些非遗行业的企业外聘设计创编人员进行创作，相当于购买其创意。这方面不乏成功案例，使很多人看到传统手工艺与现代生活结合的无限可能，由此而对传统手工艺的复兴恢复信心。在传统手工艺的设计中，这种设计的模式呈现不断上升的趋势。已经有越来越多的生产单位聘请一些设计师，尤其是已经在这方面做出成功案例的设计师参与手工艺的设计。也有一些公益性机构和平台在积极为手工艺和现代设计之间的合作寻求可能和搭建平台。而在表演艺术领域，也有一些编导人员对民间表演艺术进行改编，或者进行舞美等方面的重新包装，或者对各种表演艺术进行整合，编成一个固定的表演项目。如今各地旅游景区的实景表演，多是这种形式。

这种外部力量进行的设计创编，是现代设计人员与传统从艺者之间的一种合作。设计或创编人员的理念能否实现，很大程度上取决于艺人的配合度，也取决于设计创编人员对非遗项目的了解程度，更需要他们对非遗背后所秉持所承载的文化内涵的深刻理解。所以成功的案例，都是设计创编人员与艺人充分交流、磨合的产物，都是设计创编人员充分理解了非遗的文化价值后进行的一种现代再现和诠释。这需要设计创编者对非遗有足够的尊重，沉下心去观摩体验非遗的生产或表演过程，抓住非遗的真髓，而后才能够设计创编出真正体现非遗特征并以此赢得市场的产品和作品。

设计创编人员参与非遗设计创编的一个重要动机，是他们不希望非遗就此衰亡，希望通过自己的努力使非遗能够为艺人带来生活保障和尊严，从而赋予非遗以新的生命与活力。所以很多设计创编人员是从人文关怀的角度去开展这些工作的。因此他们参与这一工作时，大多带有一定的公益性质，更看重的是社会责任感的实现。在合作之后，他们就会和艺人之间建立一种稳定的合作关系，两者之间的合作更像是一种文化的交流，而非只是商业合作。还有一些设计师，则更多地从商业的角度以及个人审美的角度，选择非遗来实现自己的商业目的。他们和艺人之间也会建立一种合作关系，但这种合作更多的是一种商业上的合作，是以利益的分配为前提的，艺人在这种时候类似于雇佣工人，是一种以设计师或编导为主导的非遗的开发利用。现代设计的特点就是求新求变，而且变化的速度要快。只有不断适应时尚潮流或者制造时尚潮流，才能够不被潮流所淘汰。因此，设计师就有可能不断采用不同的传统手工艺来为自己所用。比如服装设计师，有可能在上一季的作品应用苗绣，下一季青睐苏绣。这种以设计师为主导的传统手工艺的应用，很难持续地对某个传统手工艺产生关注。但作为一种文化上的碰撞交流，由此会推动传统手工艺与现代的结合，也会启发艺人的设计和研发能力，并且也会扩大非遗的影响力。与一些著名品牌合作的非遗生产企业或艺人，由此而有了一定的名气，对他们获得更大的市场有直接的帮助。这种现象在演艺行业相对要少，因为表演艺术的创作周期一般较长，尤其是戏剧。但一些有资本实力的娱乐公司或旅游公司，会将小型歌舞、折子戏片段杂耍等组合而成一台集合型表演，在舞台或旅游景点进行演出，其作品的更新速度也加快，以适应观众不断更新的口味。

（三）营销人员

尽管大工业的生产模式不适合大部分非遗，但身处商业社会，无论非遗从业机构是个体生产还是企业化生产，任何一个从业机构包括个体从业者，都需要一定的营销渠道。现代市场是一个竞争激烈、不断变化的市场，逼迫着从业者必须关注市场的变化，去努力开拓市场、扩大市场，至少要保持市场。对于众多已经日益边缘化的非物质文化遗产而言，更多的市场努力还需要放在教育市场，也就是使消费者认知认可所提供的产品或作品，理解其所承载的文化价值和使用功能，所以非遗的市场营销更需要专职的人员来开展有关工作。

在工业化不断推进的过程中，很多长期处于自给自足或熟人社会状态下的非遗，面对的不再是熟人，而是模糊的不断变化的陌生甚至遥远的市场和消费者，而且是已经接受了现代营销方式的消费者。所以如何适应新的市场，是这些非遗从业单位或个人必须面对的一个挑战。但很多时候，这对他们而言就是一个新的难题。

但当下中国，非遗行业非常缺乏专业的营销人员。除少数具有一定规模的企业或机构有一定比例的专职营销人员外，大部分非遗行业因为生产规模小，市场狭小，营销人员在单位内占比很小，很少会超过10%。在个体经营或家族经营的生产单位内，营销管理人员都是生产者兼任。也有些则是由家族或家庭中不掌握技艺的人员来担任。在一些个体生产的小作坊内，手工艺人不得不把大量的时间用于营销工作，出现手艺人身兼推销员的现象。也有些非遗从业单位和个人，专注于生产或演出，无暇顾及营销，只凭借口碑来获取市场。在一些从业单位内，一些艺人获得了行业或政府相关部门的认可，获得工艺美术大师、名人或非遗代表性传承人的称号，由此而拥有一定的社会知名度，所以就依托其声誉，而开展一定的营销工作，这些取得一定社会声誉的艺人由此把一部分时间用于营销工作。

艺人开展营销工作，无疑会牵涉很多的精力，并不利于其在技艺上的不断提升。而那些埋头于技艺提升和生产的艺人，除非其已经具备非常稳定的客户群体，且这些顾客群体不需要其对产品加以变化，否则就容易出现产品滞后于市场需求的状况。但是如果所有的艺人都把很大一部分精力用于营销，则容易造成艺人的商人化，无疑会使非遗行业的整体生产能力和艺术水平有所下降。如果形成风气，则对整个行业的发展都是不利的。因此非遗行业整体需要专业的人员去开展营销工作，以使艺人有更多的时间和精力去进行生产与技艺的提高工作。

对目前以小规模个体化生产（表演）为主的非遗行业而言，生产（表演）机构聘请专职营销人才无疑是不现实的。因此，专业的营销机构来整合资源，开展对若干非遗的营销工作将成为非遗营销的主要趋势。所以引入经纪人制度，会成为很多个体非遗从业者的营销模式。而对一些交通不便经济相对落后地区的手工艺而言，则需要政府或有关的公益性机构给予营销等方面的公益性支持。

作为非遗的营销人员，成功营销的一个前提就是真正理解非遗项目所承载的文化内涵。因此，了解熟悉非遗的生产过程、文化内涵、历史渊源，是营销人员必须具备的知识。

非遗要获得可持续的发展，就必须获得青年消费者的认可。获得青年消费者市场，将是非遗营销的重点。而青年营销人才的进入，则能够更为切身地理解青年消费者的物质需求和审美诉求，也更能够熟练使用网络等现代营销手段。所以吸引青年营销人才参与，也成为非遗行业可持续发展的重要努力方向。

四、非遗的经营模式

从非遗的经营者是否改变传统的经营模式和改变的程度、方向来看，当下及今后，非遗的经营模式主要有以下几种：

（一）坚守传统，延续原有经营模式：顾客、市场不变，生产方式不变

延续传统经营模式的非遗类型，可谓"始终如一"，数十年如一日。在传统手工艺行业，表现为无论是产品功能、基本式样，生产技艺还是营销方式，都基本保持传统。这种模式下的传统手工艺一般会源于两种状况：第一种是其消费群体（使用者）固定不变，产品功能和样式不需要改变或不可以改变，多保留在为信仰服务的手工艺中。第二种情况则是其独特的技艺或原料，具有很强的不可替代性，一些传统的手工艺，在数百年中经过多代人的摸索，形成了最恰到好处的技艺和配方，也形成了最适宜使

用的样式，"增一分太肥，减一分太瘦"。例如传统中成药制作、传统国画颜料、古旧书画修复技艺等。有些服务于传统文化项目的传统手工艺，使用者就是要追求古法成法不变，恪守传统，所以也就使得生产者不能随意改变创新，以免"画蛇添足"。斫琴工艺，无论是技艺，还是形制与装饰，都追求古意古法，而不会追求新意新样。坚持这种定位的手工艺，其生产单位绝大多数是老字号或其产品都是知名品牌。部分规模小市场萎缩从业人员老化的手工艺项目也基本是这样的状况，而他们这样做的原因则在于没有动力也没有能力进行产品的创新。

在表演艺术行业，坚守传统就表现为演出内容、演出方式等都延续传统。一个地方小戏，多年以来，尽管演员有新老更替，演出地点也有不同，但演出的剧目、台词、唱腔、服装、化装都没有什么变化。传统民乐、杂技、武术、舞蹈等，也大致如此。这种经营模式采用的原因，和传统手工艺也大致相同。

更多的非遗项目，之所以保持传统，是因为市场已经停止增长，需求方已经老去，审美观念已经固定化，所以提供作品的人也就失去了改变的动力。同时传承者自己也老化且后继乏人，失去了改变的能力。

主动坚守这种生产经营模式的传统手工艺品，其使用者或消费者都是相对稳定的，部分形成了专供专用的固定供应关系，使用者和生产者之间有着较高的忠诚度。生产者一般不会把心思用于营销上，而主要用于生产，生产中则力求保持原汁原味。这类行业的经营中，口碑效应显得十分重要，"酒香不怕巷子深"是他们秉持的经营理念，也反映出对自己产品的信心。

按照现代企业经营尤其是营销理念，这种恪守传统的非遗是很容易被淘汰的，或者其消费者一定是不断递减的。但事实是，恰恰有些传统手工艺因为恪守传统、"一成不变"而获得了很高的市场美誉，一直保持着其固有的市场。这种现象在食品、药品、日常用具的制作中，尤为常见。有不少老字号，连店招、地址、内部装饰都几十年如一日。其恪守传统的前提是对传统的自信和尊崇，而尊崇的前提则是传统被证明是最适宜最优良的。所以在这些行业内，传统就代表了无可替代的品质。这种模式下的传统手工艺生产单位，一般都保持着原有的生产规模，即使有着一定的市场潜力，也不会随便扩大生产。出现这种现象的主要原因是其独到或高超的技艺掌握难度较大，或者就在家族内传承，扩大生产规模就意味着扩大相应的技艺人员数量，如果技艺人员不足，扩大生产就很容易导致品质的下降。这对注重口碑与声誉的生产单位而言，就会造成忠实客户群体的流失。所以坚守传统就意味着对品质的坚守，也是对客户群体使用习惯和秉持的文化内容的坚守。这也是那些传统手工艺老字号立于不败之地的最重要原因。日本是世界上百年以上老店最多的国家，很多老店虽然历经历史变迁，却至今存世，唯一的秘诀就是在坚持传统和品质上从未懈怠。

从非遗行业传承和保护的意义来看，无论是否改变经营模式，非遗固有的文化内涵和产品品质始终是其最核心的竞争力，所以能够恪守传统并且以此赢得市场声誉，恰恰体现了传统的价值。在浮躁功利之风盛行的当下中国，非遗的从业单位或从业者更需要重拾恪守品质的传统精神。所以尽管在当下中国，有条件和资本保持这种模式的非遗经营单位，在整个行业中的比例是非常小的，但是其存在往往对于某一文化项目的存在具有重要意义，有些则具有"活化石"的作用，对传统的延续有着重要的示范意义。

（二）不断更新改进型

除去少数已经高度成熟或已经程式化固定化的非物质文化遗产，大部分非物质文化遗产存续至今都不可能一成不变，而是不断根据时代和受众的变化而进行改变。尤其是那些至今活跃的非物质文化遗产，其活跃的原因就在于其一直保持着改进和创新的能力。而在高度工业化和商业化的今天，为适应不断变化的市场，赢得更多的消费者，越来越多的非遗从业单位或个人开始在经营中引入现代设计和营销。这种模式的一个特点就是高度关注市场，及时根据市场需求，对产品（作品）进行改变，或者在营销途径与内容上进行改变。无论在顾客群体定位还是营销模式上，都非常关注当下的特点与趋势，及时调整或改变技艺、产品的功能与样式，不断推出新的产品和新的样式。这种更新改进型的经营模式，又可分为以下几种：

1. 技艺更新改进型

技艺更新或改进型的特点是不断更新原有的技艺，或创制新的技艺与技法，从而不断拓宽产品的使用功能、作品表演题材，提升艺术表现力。在传统手工艺领域，就是随着艺术表现力的扩展，对产品的样式进行改变或增加，或创制全新的产品。在表演艺术领域，就是出现新的技巧和表现手法，或者随之而创作出以新技巧或表现手法来表演的新作品。这种技艺更新累积的结果，就是出现新的门类或流派。如20世纪后，京剧仅旦角，就出现梅、程、尚、荀四大流派。

技艺更新改进的动力往往来自姊妹艺术或不同艺术领域之间的充分交流、借鉴。京剧就是在徽剧汉剧合流后，又吸收昆曲、乱弹等各种戏曲艺术精髓，经过多代人的不断改进而成为国粹。苏绣，自清末以来先后出现了几次绣法与针法的重大创新。清末，沈寿受西方绘画的影响，创立新的绣法——仿真绣，使人物栩栩如生。民国时期，杨守玉受素描的影响，创立新的针法——乱针绣。之后，杨守玉学生创立虚实乱针绣。绣法、针法的不断创新，使苏绣在20世纪之后迎来了一个非常繁荣的时期，艺术表现力不断拓展。至今苏绣的技艺仍然在不断地改进与更新中，已达到无所不能绣的艺术境界。很多高度发达的传统手工艺，无不是在技艺不断创新的情况下才达到一个又一个高峰。

山西晋中地区，当地盛行"狮子上板凳"的狮舞，即在多层板凳上舞狮，据传已有千年历史。国家级传承人李登山在20世纪80年代，汲取其他地区狮舞和一些武术杂技的精髓后，在狮舞中增加了更多高难度的技艺，如"蜻蜓点水""瑶池摘星""空中倒书"等,使舞狮表演更为惊险绝妙,引人入胜,把这一古老的民间艺术推上新高峰。

尽管非遗的技艺创新没有现代工业那样快速和多变,但是也会在传承的基础上吸取各种文化的精髓,而进行适当的改进或创新。在非遗整体衰微的情况下,这种技艺更新型由于对从业者的素质有较高要求,所以大多数只存在于那些有着良好市场并且也有足够从业者的行业内。

2. 产品与审美趣味更新型

这种经营模式的主要特点是技艺不变,但是会根据顾客需求和市场的趋势,在产品的形制、样式等方面进行更新或创新。也就是说其改变主要集中于艺术风格审美趣味等外在的形式上,产品本身的功能及材质的改变很少或不变。所以这种改变往往跟随审美时尚而进行。很多传承数百年的具有深厚历史文化积淀的传统手工艺,其产品往往在各个不同的历史时期都具有鲜明的时代特点。如景德镇的瓷器,每个时期的艺术风格都是不同的,而供应不同消费群体的艺术风格也是不同的。改变调整产品所体现的审美趣味,是很多手工艺长存不绝的重要内在因素。当今一些传统手工艺衰微或其生产单位难以为继的重要因素,就是产品外观陈旧单调,无法符合现代人的审美需求。在大部分非遗技艺都已经高度成熟或技艺改进的人力资源不足的情况下,现在的非遗的创新设计也更多集中于产品外观和审美趣味的更新上。在景德镇,餐具等日用瓷的更新主要在于瓷器的样式或图案的不断推陈出新。现代审美的一个非常普遍的趋势是简约抽象,所以很多引入现代设计的非遗产品也呈现这样的审美风格。绣制现代画作已经成为苏绣等绣种的新题材,在更重视传统的玉雕行业也开始出现一定的现代简约风格的作品。尤其是供应给具有一定文化素养的中产阶层的产品,无论是日用品,还是欣赏品,日益呈现出简约的风格。

在表演艺术领域,这种产品与审美趣味更新,主要体现在推出符合现代观众口味的新作品,或用现代理念诠释传统作品。或在表演中,改变传统的服装、舞美、化妆、道具等,引入更多的先进舞台表现手段等。如采用立体旋转舞台、现代灯光技术和升降架等各种新的技术,在视觉和舞台呈现上给观众更多新奇的体验,或者带来更逼真的舞台效果。

3. 功能更新型

功能更新的主要特点是产品技艺不变,但功能发生改变,以适用不同的使用(消费)群体及场合。随着功能的改变,在产品外观、形制等方面也发生一定的改变,但这种改变的幅度不大,不会变得面目全非。这种功能的更新或改变,在手工艺领域突出表现为产品在实用品和艺术欣赏品之间的转换。而非常普遍又典型的例子,就是刺绣。刺绣曾经是各民族各地区女性普遍的生活技能,而且刺绣首先是为了满足刺绣者自身和家庭的需要。但是现在,很少有女性会为自己和家人刺绣衣物,如果从事刺绣绝大部分是以此赚钱谋生。而且无论民族地区,大部分刺绣品都以艺术欣赏品为主了。

对刺绣者而言，刺绣在功能上从自给自足转变为谋生手段，刺绣品的功能则由日用品为主转变为艺术欣赏品为主。苏州阳澄湖沿岸所产的金砖，曾经主要用于皇家建筑和寺院建筑以及官宦人家地面铺陈，至今仍是故宫专用地砖。近年，生产者不断开发新的产品，产品不再局限于地面用砖，而是增加墙面砖、装饰砖等，还推出用于练习毛笔字的写字板金砖，很受书法入门者的欢迎。也就是说金砖产品的性能没有变，但在功能上日趋多样。

在表演艺术领域，也会根据消费者的需求，而在表演的应用场合上进行改变。例如很多表演艺术原本只是在舞台上面对观众进行表演，现在则以录制音像作品作为表演形式。广西，曾经盛行歌会，有名的歌手往往在歌会上大展才华。但现在歌会减少，在一个地方具有一定知名度的民歌手，就录制演唱的光碟，在乡间集市上售卖，买的人很多。而在山西等地，一些民间戏曲班社开始与电视台等合作，录制录像带在电视台播放，或者将录像带售卖。在互联网日益普及的当下，一些民间艺人也开始以网络直播形式进行表演。

4. 产品不变，但采用新的营销模式

这种模式的传统手工艺，其产品功能和样式基本不变或改变很少，即使改变也多在局部装饰上，将更新的重点放在产品的外包装和宣传手段上，以新瓶装旧酒。这种现象主要存在于市场需求相对稳定或产品功能相对固定的传统手工艺行业，如传统医药制作、民族乐器制作、茶叶加工、调味品加工、剧装戏具制作等。这种类型的传统手工艺，消费者更看重其性能和品质，而且其产品的性能、功能与外观直接相关，不能随意地改变。民族乐器的每个部位，其形制与外观直接关系到乐器的音质，不能随意更改，但是其局部的装饰和产品外包装可以不断改变，以使消费者产生耳目一新的感觉。茶叶的加工程序是不能够随便更改的，而其成品的外观则直接反映品质，但是可以采取各种形式的外包装来吸引消费者购买。而这些手工艺产品，即使不改变包装，也会采用各种现代营销手段来赢得市场。

那些表演内容和技巧都没有变化，但是却依然有一定的市场需求的民间表演艺术，也会采取这样的经营模式。如很多民乐班社、戏曲班社，在几十年中，演出或演唱的曲目，以及演出形式和内容，都不会有什么变化，但是会采用新的营销手段来扩大市场，如通过在媒体打广告、发宣传单，或者网络推广等推销。

事实上，以上四种改变或更新，很难截然分开，往往是你中有我，我中有你。经营单位和经营者会根据行业和自身的不同情况，而进行相应的改变或更新。

第一种技艺更新，主要靠技艺人员自己来实现。而第二、三种则需要现代设计理念的引入或介入。而这些更新或改变的重要外在推动因素则是现代营销的应用。设计（创编）是将现代理念应用于传统技艺，生产（创作）出为现代消费者喜爱的产品。而营销则是通过一定的销售推广手段，而使产品为消费者所认知、所理解，从而获得

并扩大市场。现代营销的另一个作用则是通过对市场信息、趋势的捕捉把握，反馈给艺人和设计师，使他们可以及时根据市场需求调整产品（作品），从而更有针对性进行生产创作。

（三）非遗固有元素与符号的多元运用

采取这种经营模式的单位，其经营的重点不是非物质文化遗产固有产品或作品，而是通过对其固有的文化元素与符号的运用，开发创编新的产品或作品。例如将传统手工艺产品特有的图案加以拓展，应用于其他产品的生产中。如将桃花坞年画、苗绣的一些特有的图案、经典形象应用于服饰、工业产品外包装等。在现代歌舞表演中，采用了传统表演艺术的片段、唱腔或某些动作，对其进行拼接或者再加工。或者在工业产品的生产中采用传统的样式。这种经营模式，在很大程度上已经与非遗无关，属于现代工业或现代服务业、娱乐业的范畴，其产品属于非遗衍生品的范畴。如果是表演作品，则属于一种改编作品。但如果生产单位在开发衍生工业产品的同时，仍然坚持部分手工产品的生产，坚持传统技艺的传承，以衍生产品的开发来反哺传统手工艺的传承，也不失为一种较为积极地应对生存危机的方式。

以上三种当下非物质文化遗产的经营模式，很难说谁优谁劣。但是在快速消费为主导的消费潮流下，除极少数行业和项目外，良性发展的非遗项目都以变化来适应时代的快速变化。而这种适应的一个重要实现途径就是现代设计与现代营销和传统技艺的结合。

在经过将近200年的发展后，现代工业设计和服务业、娱乐业已经高度成熟，形成了完善的理论体系与实现途径，涉及人类生产的各个方面，但其设计创作的源头都可以说源自同类的非物质文化遗产。从古至今，无论农业时代，还是工业时代，所有的设计或者创作都是围绕如何使人在使用产品时更为便利、更为愉悦而展开，在欣赏表演作品时以获得更多的愉悦或更深刻的思想震动为目的。从这一点上说，无论是非物质文化遗产还是现代产业，其设计创编的理念是一致的，只是实现的手段不同而已。这也是非物质文化遗产与现代设计创作能够结合的根本原因。传承于现代社会的非物质文化遗产都必须要思考如何适应现代生活，适应现代人的需求。而将非物质文化遗产的生产（表现）特性与其所秉持的文化内涵、伦理道德通过现代的设计创作理念清晰地表达出来，并通过产品与作品来实现，是当下非物质文化遗产合理开发的探索重心，也是几乎所有的经营者都无法回避的课题。在现代人求新求变的消费理念下，那些恪守传统的百年老字号，能够不把更多的时间用于新设计与新营销，只是因为原有的产品的性能和功能已经达到最适合人使用的完美状态，而其供应量则是等于或低于市场需求的。这也从另一个方面给非遗的经营者们一个启示，任何好的设计或创编都必须通过好的技艺才能够实现。所以在日益重视设计与创新的趋势中，对品质的重视不但不能够降低，反而应当加强。因为现代设计与创作的一个明显特点是商品化和可复制性，这导致设计师可以将设计理念以图稿、模型等形式给予任何可以生产的人来使用，并可以反复使用。但是非物质文化遗产的特性却决定了即使是同一设计或创编，也会因不同的生产者或表演者而呈现出一定的差异性和个性化。所以在积极地思考非遗如何采用现代设计或创作理念的时候，还要以冷静和理性的态度去看待现代设计创编力量的介人。

第三节　非物质文化遗产合理利用的制度保障

在非物质文化遗产的开发利用中，最核心的力量是那些经营者。而政府的作用，最为重要的就是，通过立法、资金、政策等杠杆，去撬动更多的社会资源参与非遗的开发与利用，为非物质文化遗产的合理利用提供保障机制。其中通过立法和制度建设，建立完善知识产权保护、行业标准制定和信用制度，是非物质文化遗产合理利用的重要制度保障。

一、建立完善手工艺行业手工程度的鉴定标准制度

传统手工艺的根本属性就是手工进行生产，其对立面是大机器生产。传统社会里，传统手工艺的生产中也离不开各种器械的使用，如纺织中的纺纱机、提花机等。但是这些器械是用手和脚来操纵的，其本质是工具。但是在工业革命之后，由于能源动力技术的改进，器械与手脚的关系被颠覆，人的手脚成为机器的附属。机器不断取代人的手脚，来提高劳动效率。而进入工业社会，正因为机器产品的盛行，手工才显得珍贵，才需要保护。手工产品制作时间长、成本高，相对稀缺，因而要比同类工业产品价格高昂。

在那些曾经主要为手工生产并且行业生产规模至今仍然较大、市场状况良好的行业内，机器生产在不断取代手工。而电脑技术的使用已经使机器生产的产品越来越精细，达到手工加工的类似效果，也导致这些行业的手工生产程度不断降低。除了少数出价高昂的雕刻产品还以人工雕刻为主，微电脑绘刻机、三维雕刻机已经取代人工，成为各类雕刻工艺品生产的主力，导致雕刻行业中的手工程度已经越来越低，同行业内，低价商品几乎全部是机器加工。中等水平的产品，大多是机器雕刻轮廓后人工进行局部的细节的雕刻。例如在核雕中，普遍采用机器加工出佛像的头部和五官轮廓，人工进行表情的细节刻画。很多粗糙的核雕作品，则全部为机器雕刻。在砖雕中，资金雄厚的企业，不仅设计采用电脑编程，从描稿到细节雕刻都采用机器，工人大部分都只是机器操作的熟练工，这种生产模式的企业的砖雕产品只是机器产品，与手工基本无关。

在很多工艺品行业内只有高价产品会全部或大部分采用手工制作。这部分高价产

品之所以采用高比例的手工制作，除了手工艺品价高这一根本原因外，还有三种可能也促使生产者不得不采用手工：一是材料珍贵或稀有，如和田玉、紫檀木等，机器生产容易损坏材料或不能最大限度利用材料；二是工艺复杂或稀有，机器无法仿制；三是机器价格高昂，成本高于采用手工，而一旦机器价格降低，就会取代手工。

正是由于社会上对手工制作就应该价高的普遍认同，而机器仿制能力又在不断提高，所以在工艺品行业内，普遍出现了以纯机器加工工业产品或少量手工加工的工业产品来冒充手工艺品牟取更高利润的现象。这对消费者而言，无疑是一种欺诈行为。

但大部分生产者，在利润的驱使下，很难抵制机器加工的更高效率，即使是具有一定手工技艺的手工艺人或生产者，也往往会在部分流程采用机器生产来提高生产效率和利润。虽然机器的应用程度并不相同，但对很多行业而言，似乎只要有一点手工生产的成分，就可以被称为手工艺品。这种现象的存在，导致行业内部鱼龙混杂、乱象丛生，并导致从业人员整体技艺水准的降低。从长远来看，则会使整个行业在繁荣之后陷入困境。这种现象的存在和蔓延，既与行业自律与监管缺失，从业人员职业道德水平的普遍低下有关，也与传统手工艺各行业内手工程度鉴定标准的缺失有着直接的关系。

传统手工艺的门类众多，项目之间差异性巨大，有些只能靠手工来完成，有些则必须采用一定的机器辅助生产。一些传统手工艺如大型石料的雕刻，如果完全由手工完成，无疑会使生产变成一件甚为艰辛的工作，对生产者的体力是巨大的消耗。所以什么程度的手工生产才可以被称为手工生产，已经成为手工艺手工程度鉴定的一个难题。

传统手工艺虽然门类众多，生产工序各不相同，但所有的手工艺生产工序基本可以概括为设计—选料—开料—成形四个部分。其中设计与选料是一种创意活动，是艺人知识与经验的体现，基本不涉及手工。成形部分是最为关键且最能够体现项目价值和特点的工序，所以作为非物质文化遗产的传统手工艺，其成形部分应坚守手工生产。对于部分项目而言，如石雕、大型玉雕等，其开料部分往往耗费大量的体力且技术含量较小，所以采用机器来替代手工，可以提高效率，让艺人将更多的时间精力集中于成形阶段的技艺提高。但部分开料也会影响到作品艺术表现力的手工艺，如玉雕中对俏色等瑕疵的应用，就直接地反映出艺人的技艺水平，也直接影响到作品的艺术效果。

而在成形部分，也存在着借助工具或动力机械来完成的情况。如玉雕行业普遍采用电力驱动的微型雕刻刀。这之中的一个鉴定标准就是这类机器是否完全由人手来操作，其成形效果是否取决于人手操作的能力和艺术构思能力。如果机器只是人手的辅助工具，而不是决定产品质量和技艺水平的主导因素，那么其仍然是手工产品。

制定手工艺品的认定标准，已经成为当下很多传统手工艺行业健康可持续发展的迫切需要。而由于传统手工艺门类的复杂多样，不可能制定适用全部行业的标准，所以应在制定基本手工标准的基础上（成形部分必须是手工完成），各个大类，如纺织、雕刻、刺绣、陶瓷、金属冶炼锻造等，制定大类的手工制作标准。在大类行业标准之下，可再根据地域、流派及部分特殊技艺，而制定更为细化的项目小类标准。标准的制定，应由各类手工艺的行业协会和研究机构共同完成，并由权威机构发布。手工制作标准的制定出台，对于规范传统手工艺行业生产经营、提高传统手工艺的整体技艺水平都会有深远的意义。值得注意的是，很多行业已经意识到手工艺标准制定的重要性，而着手开展有关工作。如扬州开展了玉雕、漆雕、雕版印刷行业标准的制定工作，青海、西藏开展了唐卡制作行业标准的制定工作。

二、完善知识产权认定与保护制度

非物质文化遗产，除少数一直为某个家族或团体所掌握的绝密技艺外，都是历经多代人不断传承而留存至今的。也因此，绝大部分非物质文化遗产是一种集体或群体共有的遗产，不应也不能为某个人或某些人所独占。在工业文明开始后，为保护和鼓励个人在技术上的发明创新，而出现了知识产权的概念，并形成了保护知识产权的法律体系。当今的知识产权保护体系越来越完备，几乎涵盖一切与个人（或团体）创造相关的领域。但是知识产权强调保护的是个人创造力，而非物质文化遗产保护则强调保持群体创造力，保护的目的是要让这种创造力继续在群体中延续，而非为某个人或某些人据为己有。非物质文化遗产即使是个人色彩强烈的某些绝技，也是由于师徒之间通过模仿体验等直接接触的方式才得以传承的，而非购买式的学习。更多的非物质文化遗产的传承一直采用群体传承方式，群体传承发展基本技艺，不同传承者形成个人风格。其中的大师大家正是由于拜多人为师，融会贯通、博采众长而得以形成自己独特而杰出的技艺。众多个人的个性和创造力汇聚而形成了某一时期某一地域的共同风格。曾经繁盛的非物质文化遗产都有着这样一个封闭却又开放的传承体系。很多非物质文化遗产在传统社会，都是一种必备的生产生活技能，都是在某个地区中人人拥有的技艺。比如竹编之于产竹区的人们，蒙古包制作、马具制作之于游牧民族。所以除去少数特殊的技艺外，绝大部分非物质文化遗产，是不能够为某些人或某些组织注册或认定为是其所拥有的知识产权的。

表演类、知识类和民俗类的非物质文化遗产，在传统社会中大部分是以营利为目的的。即使是最具有生产和逐利特质的手工艺，也不完全以营利为唯一目的。但是在进入资本主义阶段后，非物质文化遗产所秉持的生产伦理和道德观念正在急剧改变消解，以营利为目的已经成为众多非物质文化遗产经营的基本原则。加之众多非物质文化遗产不为公众所知，尤其是知识产权认定机构所知，所以出现某个人或某个企业将在某地广泛流布并拥有一定知名度的非物质文化遗产以专利或著作权形式申报，或者将这些非物质文化遗产的名称注册为商标，或者将非物质文化遗产的某些经典图案、作品注册为产品外观专利或商标。这种行为将群体遗产据为个人知识产权，是一种事实上的侵权行为。一个行业出现这种现象后，往往会直接造成同行业内从业人员或企业间的利益争夺和纠纷，造成艺人之间的猜忌和防备。不仅无助于鼓励个人创造，从长远看，还会损害传统手工艺技艺本来的交流和传承体系。而恰恰由于非物质文化遗产为群体遗产，难以有明确的法人或个人、机构来充当产权代表人，出现相关法律纠纷，也难以鉴定知识产权归属者，因而无法对侵权者的法律责任予以追究。这就使得把非物质文化遗产据为个人或组织所有的法律成本相对很低。这种现象，若不遏制，就会在非物质文化遗产的利用中，出现劣币追逐良币的效应。

从非物质文化遗产的特性出发，并结合一些知识产权的司法实践，传统手工艺的知识产权保护应遵循以下几个原则：

（一）非物质文化遗产的知识产权不应有明确归属者

绝大部分非物质文化遗产属于集体创造，创造传承者大多为寂寂无闻的普通人，为多代人（且每代均有不止单个人）经过多年的实践积累而传承至今，无法明确其为哪个人或哪些组织所创造。在前工业时代，非物质文化遗产普遍以生产生活技能和自我娱乐方式为主，其技艺学习和传承的体系是相对开放的。部分关涉到利益或竞争力的绝活密技，会以严格的传承程序与规定在封闭的体系内进行传承，或直接以单传的形式传承。这部分属于某个组织或家族智慧产物的技艺，方才符合现代知识产权保护的范畴。但是由于知识产权都有一定的时间期限，过期即向社会公开，所以这些家族或组织，一般不会将这类绝活密技申报为知识产权，最多以老字号来申报商标。

非物质文化遗产有着曾经相对开放的传承发展体系，创造者和传承者为非明确的自然人或法人。非物质文化遗产在当代如果要继续保持良性的传承发展，依然需要这种相对开放的传承学习体系。事实证明，很多地方的非物质文化遗产之所以发达或涌现出大量的杰出艺人，就在于其具有高度开放的学习体系。如刺绣、陶瓷、雕刻等传统手工艺，在20世纪50～70年代曾经成为中国重要的创汇产业，对国民经济发展做出了一定的贡献，很重要的原因，就在于这些传统手工艺的学习，在这一时期采用社会化的学校教育和高度开放的师徒传承体系相结合的方式，而提高了传承效率和交流的程度。云南石屏龙棚镇，有两项国家级非物质文化遗产代表作——海菜腔与烟盒舞，有众多优秀的艺人。历代的各类非遗，不仅在同一地区同一族群同一国家内互相交流，也存在着地域间族群间国家间的交流，还存在着不同行当门类之间的交流。文化间的充分交流，就取决于彼此之间的开放包容，如果因知识产权保护而阻隔了这种交流，知识产权保护就没有意义，反而会起到相反的作用。

绝大部分非物质文化遗产是一种公共遗产，不应明确其归属为某个人或某个法人单位。非遗的知识产权保护就应该保护这种共有性。作为知识产权的认定部门，应以更为审慎的态度受理非遗相关知识产权的申报，并在审核过程中，更广泛地征求相关行业和专家、艺人的意见，以防止作为公共资源的非物质文化遗产为某个人或某个法人单位独有。立法部门，则应通过立法来明确传统手工艺的公共资源部分的属性，以使相关的司法实践有法可依。

（二）个人创新部分应享有其创新部分知识产权

大部分非物质文化遗产在传统社会，并不强调和鼓励个人的创造性。在传统社会中，尤其是在传统手工艺领域，师父对徒弟才能的压制，行会对会员独创性的压制，使很多杰出艺人难以脱颖而出，也容易造成更重守成轻视创新的现象。这与强调创新强调个人创造力的现代精神显然是不相容的，而创新无疑是非物质文化遗产适应现代生产生活所需要的。所以在强调非物质文化遗产的公共遗产特性的同时，也应鼓励艺人的个性化生产和创新活动。艺人在掌握普遍的传统技艺后，又能够另辟蹊径或自成一家，形成自己独特的技艺或艺术风格，对整个行业的发展都有推动作用。但是在社会的转型期，利益至上导致道德水平低下，知识产权意识淡薄和监管认证体系的不完善，造成很多人以仿制跟风为荣，坐享同业者的创新成果。而信息畅通、制造体系完备，又使得仿冒复制异常快捷容易。

所以有关政府部门应建立有效的评估与激励机制，鼓励艺人对真正属于自己创新的技艺和个人创作作品申报有关的知识产权。例如对艺人申报费用给予减免，对其提供相关的法律服务等，对获得知识产权的艺人给予相应的扶持和表彰。行业协会等组织，则应完善行业有关技艺的创新和独创作品的认定标准，通过培训等来提高成员的知识产权意识。提高行业自律，对仿冒等行为予以警示。聘请有关律师，为成员提供法律咨询和服务，使艺人有更多的时间精力用于创作和创新。

对群体智慧与个人创新的双重保护将是今后非物质文化遗产相关知识产权保护的主导方向。

三、建立完善信用制度

如果说知识产权保护和行业标准的建立，更多的是一种社会行为，信用制度建立，更多的则是对个人行为的规范。没有信用制度作为支撑，知识产权保护和行业标准的执行，也都会成为空文。这是因为很多非遗行业，以个体化生产经营为主，其经营者和消费者的规模并不大，单个经营中的失信行为很难引起足够的社会关注。但是正因为非遗的整体衰微，其市场维持呈现更为脆弱的状态，所以即使是个体的失信行为，也会造成对整个行业的影响。而当行业整体的信用度都在降低时，就会加剧整个行业的衰落。

非遗经营中的失信行为主要出现在传统手工艺领域。因为现代技术的不断进步，机器模拟人的水平越来越高，尤其是人工智能的应用。很多机器产品已经达到高度模仿手工的程度。由于手工的时间成本要远高于机器生产，越来越多的消费者认同手工就应该价高的理念，所以手工产品的价格要远远高于机器生产。之间的巨大价格差距，使得很多道德水准很低的经营者，在利益的驱使下，以机器生产产品冒充手工产品，或者以手工程度很低的产品冒充手工产品，将低质产品冒充高品质产品高价出售，以非天然原料产品冒充天然原料产品，如树脂产品充当玉器售卖。各种以和田玉为名的产品中，真正的和田玉极少，导致在玉器加工行业，和田玉的认定范围在不断扩大。

在传统社会中，大部分人处于熟人社会，失信行为的代价是巨大的。而且由于伦理道德和信仰的约束作用，经营者也会更坚持诚信经营，这也是各种非物质文化遗产存续的价值之一。非物质文化遗产经营者信用的加强，更多的要依靠法律作为约束手段。因此，要在立法中加强信用制度建设。主要体现在非遗的从业者、经营者获得各种政府的扶持、奖励和称号时，都应将其信用程度作为重要的认定指标。如果失信，已经获得的权益被收回，并失去今后获得权益的机会。例如各级代表性传承人的评选，如果候选人有失信行为，就应取消其资格。在代表性项目保护单位、传承人申报的文件中，应要求其提供相应的信用承诺。在获得称号后，如果有失信行为，就撤销称号，并在相应的媒体予以公布。这样的约束，必然对相关的从业者、从业机构、传承人起到震慑的作用，对纠治行业的不正之风也有重要的引导作用。

而互联网的不断发展，也为信用制度的建立提供了足够的技术支持。因此，在今后的非遗信用制度实施中，要充分发挥好互联网的作用，失信信息可以在法律允许范围内，在全国甚至全球范围内查阅到。这些举措会大大地提高失信成本，从而有效遏制各种失信行为，使非物质文化遗产经营重拾固有的诚信与美好。

非物质文化遗产只有不断地与现实的物质生产和精神产品的创造相结合，才能够获得良性的可持续的发展。但是非物质文化遗产的开发与利用，绝不能照搬现代制造业和娱乐产业的模式，而是要充分发挥好非物质文化遗产固有的优势，扬长避短，以独特、优质的产品或者作品，让人充分感受到非物质文化遗产及其背后所秉承的文化传统的美好与温暖，才能够在现代社会获得一席之地、长久之地。

参考文献

［1］陈华文，杨和平，彭纲．非物质文化遗产研究集刊 第 13 辑 ［M］．杭州：浙江工商大学出版社，2020．

［2］柯小杰，杨双，班丽．巧手慧心 初识非物质文化遗产 ［M］．杭州：浙江少年儿童出版社，2020．

［3］张秋萍．新昌非物质文化遗产笔记 ［M］．杭州：浙江工商大学出版社，2020．

［4］李丽．梅州客家体育非物质文化遗产研究 ［M］．广州：暨南大学出版社，2020．

［5］蔡丰明．非物质文化遗产资源图谱制理论与方法 ［M］．上海：上海社会科学院出版社，2020．

［6］陈丽琴．多学科视野下的京族非物质文化遗产研究 ［M］．北京：民族出版社，2020．

［7］张振涛．非物质文化遗产保护理论与方法丛书 冀中学案 音乐类非物质文化遗产文集 ［M］．北京：文化艺术出版社，2020．

［8］黄洁清．舟山非物质文化遗产史话 ［M］．杭州：浙江大学出版社，2019．

［9］朱春红．京津冀织绣类非物质文化遗产 ［M］．北京：中国纺织出版社，2019．

［10］邵凤丽．我们的非物质文化遗产 民间美术 ［M］．北京：机械工业出版社，2019．

［11］李荣启．非物质文化遗产保护研究文集 ［M］．北京：文化艺术出版社，2016．

［12］汪小倩．台州非物质文化遗产通俗读本 ［M］．杭州：浙江工商大学出版社，2016．

［13］邸保忠，武良田．非物质文化遗产丛书 龙顺成京作硬木家具 ［M］．北京：北京美术摄影出版社，2019．

［14］倪浓水．中国海洋非物质文化遗产十六讲 ［M］．海洋出版社，2019．

［15］张卫民．依托村寨保护少数民族非物质文化遗产研究 ［M］．长沙：湖南师范大学出版社，2019．

［16］麻国庆，朱伟．文化人类学与非物质文化遗产 ［M］．北京：生活·读书·

新知三联书店，2018.

　　［17］宋永利，张宏图，樊云松．孔孟之乡非物质文化遗产概览［M］．北京：北京理工大学出版社，2018.

　　［18］李富强，甘谷县文化馆．甘谷县非物质文化遗产名录图典［M］．兰州：甘肃文化出版社，2018.

　　［19］张鸿雁．佳木斯非物质文化遗产概览［M］．哈尔滨：黑龙江人民出版社，2018.

　　［20］张桃．宁化客家艺术与非物质文化遗产［M］．北京：中国国际广播出版社，2018.

　　［21］马维彬．河北省非物质文化遗产志［M］．石家庄：河北美术出版社，2018.

　　［22］乌丙安．非物质文化遗保护理论与方法［M］．北京：文化艺术出版社，2016.

　　［23］刘文峰．非物质文化语境下的戏曲研究［M］．北京：文化艺术出版社，2016.

　　［24］张昕，王潇曼．造型类非物质文化遗产概论［M］．武汉：华中科技大学出版社，2017.

　　［25］张新科．淮海地区非物质文化遗产概论［M］．北京：商务印书馆，2017.

　　［26］李江敏，苏洪涛．中国旅游与非物质文化遗产［M］．武汉：武汉大学出版社，2017.

　　［27］苑利，顾军．非物质文化遗产保护理论与方法丛书 非物质文化遗产保护前沿话题［M］．北京：文化艺术出版社，2017.

　　［28］向云驹．非物质文化遗产保护理论与方法丛书 非物质文化遗产的若干哲学问题及其他［M］．北京：文化艺术出版社，2017.

　　［29］刘德欣，吴德寅．非物质文化遗产丛书 老北京风俗泥塑［M］．北京：中国轻工业出版社，2017.

　　［30］罗榕华，王柳儿．沙县非物质文化遗产丛书委会．沙县非物质文化遗产丛书 沙县游艺技艺［M］．厦门：厦门大学出版社，2017.